메이크샵이 알려 주는

언택트
시대 쇼핑몰
창업의
정석

운영 & 마케팅편

메이크샵이 알려 주는

언택트 시대 쇼핑몰 창업의 정석 운영 & 마케팅편

초판 1쇄 발행 2021년 8월 5일

지은이 강수진 · 김태영
펴낸이 김기록
펴낸곳 AppBooks(앱북스)

출판등록번호 제2010-24
주소 서울 금천구 가산동 371-28 우림라이온스밸리 A-1401
대표전화 02-6903-9519
팩스 02-2026-5081
홈페이지 www.appbooks.net
이메일 help@appbooks.net

ISBN 979-11-85618-29-6

가격 18,000원

메이크샵이 알려 주는

언택트 시대 쇼핑몰 창업의 정석

운영 & 마케팅편

앱북스

목 차

운영편

CONTENTS

목 차

마케팅편

CONTENTS

이미지 소스 다운 받는 방법

❶ **셀러리커뮤니티**(https://www.sellerly.net) 접속 ⇨ **교육센터** ⇨ **교육자료 메뉴**에서 이미지 소스 다운받기

❷ **앱북스**(https://www.appbooks.net) 접속 ⇨ **독자공간** ⇨ **자료실 메뉴**에서 이미지 소스 다운받기

※이미지 소스는 로그인 후 다운로드 받을 수 있습니다.

언택트 시대 쇼핑몰 창업의 정석

운영편

PART 1

회원관리

온라인에는 상품을 판매할 수 있는 다양한 플랫폼이 존재합니다. 그중 단독 쇼핑몰은 운영할 때 회원관리가 용이하다는 장점이 있습니다. 메이크샵의 '회원관리' 메뉴를 통하여 내 고객을 확보하고 관리하면, 단순한 단발성 판매가 아닌 재구매를 유도할 수 있고 전략적인 홍보활동 또한 가능합니다.

회원가입 설정하기

내 쇼핑몰에서 고객 확보의 첫 관문이 되는 페이지가 바로 '회원가입' 페이지입니다. 가입은 '일반 회원가입', '간편 회원가입', 'SNS 회원가입' 세 가지로 나뉩니다. '일반 회원가입'은 고객의 정보를 상대적으로 많이 기입하여 회원가입 하도록 구성되어 있고, '간편 회원가입'은 최소한의 정보로 가입할 수 있는 기능입니다. 두 가입 방법 중 하나를 택하여 적용해야 하고, 그에 덧붙여 'SNS 간편가입'을 추가로 설정할 수 있습니다. 여기에서는 기본 설정된 간편 회원가입에서 메뉴를 추가 및 수정하는 방법, 그리고 SNS 회원가입을 설정하는 방법에 대해 알아봅니다.

회원정보입력

*이름	
*아이디	[중복확인]
*비밀번호	* 영문 대소문자/숫자/특수문자를 혼용하여 2종류 10~16자 또는 3종류 8~16자
*비밀번호 확인	
*생일/성별	[ ]년 [ ]월 [ ]일 ○남 ●여
*우편번호	[우편번호검색]
*집주소	
*상세주소	
*연락처	
*이메일	[중복확인]
회사전화	
회사주소	[우편번호검색]
휴대폰	

가입 경로는?

☐ 전체동의

☐ 이용약관 [내용보기]   ☐ 개인정보 수집 및 이용 안내 [내용보기]

☐ 마케팅 수신동의 (☐ 이메일   ☐ SMS)

쇼핑몰에서 제공하는 신상품 소식/ 할인쿠폰을 무상으로 보내드립니다!
단, 상품 구매 정보는 수신동의 여부 관계없이 발송됩니다.
제공 동의를 하지 않으셔도 서비스 이용에는 문제가 없습니다.

[동의하고 가입완료]

▶ 일반 회원가입

Login　Join us　Cart　Order　Bookmark

BEST　홈데코　키친　테이블　욕실　　Search　🔍

Home > 회원정보 입력

회원정보 입력

| 이름 |
| 아이디 |
| 비밀번호 |
| 비밀번호 확인 |
| 이메일 |
| 휴대폰번호 |

☐ 14세 이상입니다. (필수)

* 회원가입에 필요한 최소한의 정보만 입력 받음으로써 고객님의 개인정보 수집을 최소화하고
편리한 회원가입을 제공합니다.

☐ **전체동의**

☐ 이용약관 [내용보기]　　　　☐ 개인정보 수집 및 이용 안내 [내용보기]

☐ **마케팅 수신동의** (☐ 이메일　☐ **SMS**)

쇼핑몰에서 제공하는 신상품 소식/ 할인쿠폰을 무상으로 보내드립니다!
단, 상품 구매 정보는 수신동의 여부 관계없이 발송됩니다.
제공 동의를 하지 않으셔도 서비스 이용에는 문제가 없습니다.

동의하고 가입완료

▶ 간편 회원가입

▶ SNS 회원가입

<u>01</u> [쇼핑몰 구축] > [쇼핑몰 관리기능 설정] > [회원 가입 정보 관리] 메뉴를 클릭합니다. 현재 쇼핑몰에 적용 된 '간편회원' 탭에서 추가할 가입 정보의 '사용'에 체크하고 [저장] 버튼을 클릭합니다. 여기에서는 '생년월일' 설정을 추가해 보겠습니다.

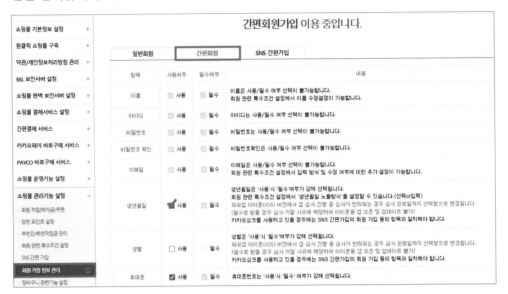

<u>02</u> 쇼핑몰에 노출된 가입 메뉴의 세부 설정을 변경하거나 추가하기 위해서는 [쇼핑몰 구축] > [쇼핑몰 관리기능 설정] > [회원 관련 특수조건 설정] 메뉴로 이동합니다. '회원 생년월일 입력 설정'에서 '입력 방식(INPUT)'으로 선택하고 페이지 하단의 [확인]을 클릭합니다.

▸ 회원 생년월일 입력 설정	📖 매뉴얼
○선택 방식 (SELECT)　　　　●입력 방식 (INPUT)	

<u>03</u> 쇼핑몰에서 'JOIN US' 메뉴를 클릭하여 가입페이지를 확인합니다.

▶ 설정 전　　　　　　　　　　　　　　　　▶ 설정 후

SNS 회원가입

01 쇼핑몰에서 개인의 SNS 계정으로 회원가입 및 로그인을 할 수 있는 기능을 설정합니다.
[쇼핑몰 구축] > [쇼핑몰 관리기능 설정] > [SNS 간편 가입] 메뉴를 클릭합니다. 사용을
원하는 SNS의 '사용함'에 체크합니다.

02 각 SNS의 기능 설정 방법은 모두 다릅니다. [설정안내] 버튼을 클릭하여 설정 방법을 참
고 한 뒤 [개발자센터]를 클릭하여 설정하면 됩니다. 설정을 마친 후 카카오와 페이스북
은 [검증하기] 버튼을 클릭하여 검증을 완료하고, 네이버는 카테고리를 선택하여 로고 이
미지를 알맞은 조건으로 등록합니다. 그리고 [연동 정보 신청] 버튼을 클릭합니다. 설정이
모두 완료가 되면 페이지 하단의 [저장] 버튼을 클릭합니다.

03 대부분의 디자인 스킨에서는 위의 SNS 간편 회원 가입 설정만 하면 버튼이 자동 노출되도록 설정 되어 있습니다. 그러나 간혹 노출이 되지 않거나 버튼 수정을 해야 할 때는 관련 코드를 참고하여 디자인을 편집하여야 합니다. 이때 페이지 하단의 [D4 개별디자인 설정] 버튼을 클릭하여 설정 동영상과 소스 코드를 확인합니다.

04 디자인 편집 화면에서 총 3개의 로그인 화면에 SNS 로그인 버튼을 적용하면 되는데 각각 '회원 로그인', '구매시 로그인', '주문 조회 로그인' 화면을 편집하여 진행합니다.

TIP 페이스북 간편가입 연결 방법

<페이스북 개발자센터로 사전 설정하기>

❶ https://developers.facebook.com 페이스북 개발자센터로 접속합니다.

❷ 페이스북 계정으로 로그인하여 [시작하기] 메뉴를 클릭하고 개발자 센터에 계정을 등록합니다.

❸ [앱만들기] 버튼을 클릭합니다.

❹ 페이스북의 광고 등을 함께 이용할 비즈니스 통합 관리자로 [비즈니스 통합관리]를 선택합니다. 페이스북 로그인만 사용할 계획이라면 [연결된 환경 구축]을 선택하여도 무관합니다. [계속] 버튼을 클릭합니다.

❺ 앱이름, 이메일을 작성하고 앱 목적을 선택합니다. 그리고 비즈니스 관리자 계정을 선택합니다. 계정이 없을 경우에는 추후 계정 생성 후 관리자 설정에서 인증 할 수 있습니다. [앱 만들기]를 클릭합니다.

⑥ [페이스북 로그인 설정]을 클릭합니다.

⑦ [웹]을 클릭하고 상점 도메인(URL)을 입력한 뒤 [SAVE] 버튼을 클릭합니다.

⑧ 왼쪽 메뉴에서 'Facebook 로그인'의 [설정] 메뉴를 클릭합니다.

⑨ '유효한 OAuth 리디렉션 URL'의 '도메인' 부분에 **https://도메인/list/API/login_facebook.html**'의 도메인을 대체하여 입력합니다. 이때 'https'로 저장이 불가능할 경우에는 'http'로 저장을 시도해 보고, 그래도 저장에 실패한다면 쇼핑몰 SSL 신청을 먼저 진행해주세요.

⑩ [변경내용 저장]을 클릭합니다.

⑪ 왼쪽 메뉴의 [설정] > [기본 설정]을 클릭합니다.

⑫ '개인정보처리방침 URL'을 입력합니다.
입력 양식은 '**https://도메인/html/privacy.html**'입니다.

⑬ '서비스 약관 URL'을 입력합니다.
입력 양식은 '**https://도메인/shop/idinfo.html?type=new&first=#chk_cont1**'입니다.

⑭ 앱 아이콘을 등록, 관련 카테고리를 선택한 뒤 [변경내용 저장]을 클릭합니다.

⑮ 앱 검수 권한 및 기능에서 'email'을 입력하여 검색합니다. 검색 결과에서 [고급 액세스 이용하기]를 클릭합니다.

⑯ 약관 동의 후, 고급 액세스로 변경을 확인할 수 있습니다.

<메이크샵에서 서비스 연동 설정하기>

❶ 페이스북 개발자센터의 [설정]>[기본 설정]에서 앱 ID와 앱 시크릿 코드를 복사합니다.

❷ 메이크샵의 해당 메뉴에서 'APP ID'와 'APP Secret'을 각각 붙여넣기 하여 입력합니다.

❸ [검증하기] 버튼을 클릭하여 페이스북에 정상적으로 접근이 가능한지 확인한 뒤 하단의 [저장] 버튼을 클릭합니다.

TIP SSL

SSL은 쇼핑몰 내의 정보를 암호화 처리하여 해킹 및 유출로부터 정보를 보호할 수 있는 서비스입니다.

> 비보안 접속(HTTP://) ↔ 보안 접속(HTTPS://)

쇼핑몰 방문자가 개인 정보가 포함된 페이지(회원가입, 로그인, 주문서 작성 등)에 비보안 접속(HTTP://)한 경우 자동으로 보안 접속(HTTPS://) 처리할 수 있습니다.

페이스북에서의 도메인 설정시 보안접속 가능한 HTTPS로 저장을 안내하고 있으며, 메이크샵에서는 도메인 설정 시 자동으로 SSL인증서가 무료 발급되므로 별도의 신청이 필요 없습니다. HTTPS 설정 시 오류가 있다면 [회원관리] > [SSL보안서버 설정하기] 메뉴를 클릭하고 보안 접속 설정 범위를 확인할 수 있습니다. '전체 구간'으로 설정 후 내 쇼핑몰 도메인 부분을 확인하면 자물쇠 모양으로 바뀐 것을 확인할 수 있습니다. 쇼핑몰 주소값을 복사하면 'http'가 아닌 'https'로 노출됩니다.

페이스북 간편가입 연결 방법을 알고 싶으신 분은
QR코드를 통해 접속해 주세요! **유튜브 영상**으로 확인 가능합니다!

02 고객 CRM 관리

고객 관계 관리 툴인 CRM(Customer Relationship Management) 화면의 사용에 대해 알아봅니다. 회원 가입한 고객의 정보를 열람하고 관리할 수 있는 부분으로, 게시판 문의나 고객센터 전화 응대 시에도 고객 소통을 위한 정보를 간편하게 검색하여 볼 수 있습니다. 문의 내역을 한 눈에 볼 수 있고 새로운 상담 내용을 메모할 수 있는 기능도 있어 운영자 입장에서 편리한 기능입니다.

회원 목록 화면

01 [회원관리] > [회원/CRM 관리하기] 메뉴를 클릭하여 '회원검색'의 [검색] 버튼을 클릭합니다. 입력 조건에 'all'로 기본 입력되어 있기 때문에 전체 회원이 검색됩니다.

02 검색 된 회원의 간략한 정보를 아래에서 확인 할 수 있으며 [CRM] 버튼 클릭 시 해당 고객의 CRM 화면이 열립니다.

TIP 회원목록 화면 살펴보기

❶ IP : 숫자를 클릭하여 고객이 가입한 IP, 최근 로그인 IP 등을 확인할 수 있습니다.

❷ ID(비번) : 고객 ID를 클릭하면 문자로 임시비밀번호를 전송할 수 있습니다.

❸ 성명 : 고객 성명 앞의 **S** 는 '간편회원가입'한 회원을 의미합니다.

❹ 메일 : 도메인으로 발급 받은 메일이 있을 때, 클릭하여 메일을 전송 할 수 있습니다.

❺ 메모 : 고객에 대해 간단한 메모를 할 수 있으며, 관리자만 확인할 수 있습니다.

❻ 주소, 전화 : 고객이 입력한 주소와 전화번호 정보를 확인할 수 있습니다.

❼ 적립금 관리 : 🔋 버튼을 클릭하여 고객에게 적립금을 수기지급 할 수 있습니다.

⑧ 내역 : 주문내역과 쿠폰내역을 확인할 수 있습니다.

⑨ 추천인 : 추천인을 수기등록 할 수 있습니다.

⑩ 정보 : 수정 버튼을 클릭하면 CRM 화면의 고객 개인정보를 확인 및 수정 할 수 있습니다.

⑪ CRM : CRM 화면의 상담 내역을 확인할 수 있습니다.

⑫ 비고 : 로그인 클릭시 고객의 ID로 쇼핑몰에 접속할 수 있습니다. 상담 시 고객과 동일한 화면
을 보며 상담할 수 있도록 하는 기능입니다.

 ## CRM 화면 보기

01 회원 목록에서 [CRM] 버튼을 클릭합니다.

02 CRM 화면은 3개 영역으로 구성됩니다. 좌측에서 선택한 메뉴에 대한 내용을 볼 수 있고,
가운데 메뉴 박스에서 더욱 다양한 고객 내역을 조회할 수 있습니다. 우측에서는 언제나
신규 상담에 대한 내용을 빠르게 등록할 수 있도록 되어 있습니다.

01 켜 놓은 CRM 화면의 상단 '검색'을 통하여 다른 회원 정보를 간편하게 열람할 수 있기 때문에 고객 응대를 진행할 때는 늘 켜두고 관리하는 것이 좋습니다. 검색 조건을 선택하고 검색어를 입력하여 검색합니다. 회원 목록이 뜨면 아이디, 휴대폰 번호 등의 추가정보를 확인하고 해당 회원의 [CRM] 버튼을 클릭합니다.

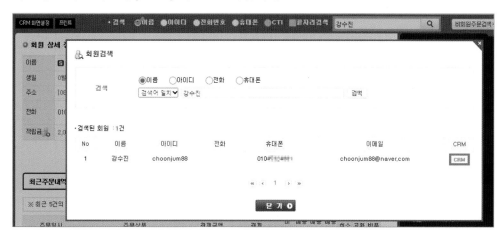

02 해당 회원의 CRM 화면 '신규 상담 등록'에서 상담 분류와 내용을 입력하고 [등록] 버튼을 클릭합니다.

03 등록한 상담은 '고객상담 내역' 메뉴에서 보여지며 등록한 상담 일시와 함께 저장됩니다. 고객에 대한 클레임이나 응대에 대한 기록을 상세히 남겨 추후 필요할 때에 자료로 이용할 수도 있으며, 기록 확인 후 응대 관리자가 달라지더라도 상담을 이어서 진행할 수 있는 장점이 있습니다. 상담 지수를 매긴 부분은 쉽게 식별하도록 컬러로 노출이 되며 어느 정도의 상담지수를 가진 것인지 직관적으로 파악이 가능합니다.

04 클레임이나 상담에 대한 피드백을 고객에게 문자로 전달할 때 우측 메뉴의 [문자] 버튼을 클릭하여 간편하게 이용할 수 있습니다.

03 회원 그룹 관리

가입한 회원을 그룹으로 나누어 관리할 수 있습니다. 그룹별로 혜택을 달리하여 설정할 수 있고, 각 그룹에 등급을 매겨 그룹 간 이동 조건도 설정할 수 있습니다. 이는 일반 회원과 도매 회원을 나누는 데에 이용하기도 하고, 등급이 높을수록 많은 혜택을 지급하는 시스템을 두어 지속적인 구매에 따른 고객관리를 하는데 도움을 줄 수 있습니다.

 회원그룹 신규 생성

01 [회원관리] > [회원 등급별 쇼핑몰 설정] > [회원그룹 신규 생성/삭제] 메뉴로 이동합니다. '회원그룹 이름'을 작성하고 그룹 등급을 설정합니다.

▶ 회원그룹 신규 생성 및 관리			※ 회원그룹의 등급은 Lv.1이 최하위 등급이고, Lv.100이 최상위 등급입니다.
회원그룹 이름	새싹등급	그룹 등급 설정	Lv. 1(최저등급) ▾

02 '결제 조건에 따른 혜택'에서 원하는 추가 혜택을 설정하거나, 혜택 없음으로 설정할 수 있습니다. 그룹에 대한 설정을 마치면 하단의 [등록] 버튼을 클릭합니다.

결제조건에 따른 혜택	☐추가 적립금 혜택 ☐추가 할인 혜택 ⦿추가 혜택 없이, 그룹만 생성 ○구매 불가 그룹
	추가 적립금/할인 혜택율을 %에서 원으로 변경할 경우, 개별 설정했던 [상품별 그룹 혜택 설정] 금액이 초기화됩니다. (추가 적립금/할인 혜택을 원에서 %로 재 변경 시, [상품별 그룹 혜택 설정]을 상품별로 다시 설정해야 합니다.) ⦿MYpage 그룹이름 노출 ○MYpage 그룹이름 비노출 회원그룹에 추가 혜택 없이, 단순 그룹 분류에 사용하십시오. (단순 그룹별 메일링, SMS(문자메세지) 서비스를 보내실때 유용) [MYpage 그룹이름 비노출] 설정 시 쇼핑몰 마이페이지와 관리자 주문상세창의 그룹이름 비노출 처리됩니다.

03 등록 후 스크롤바를 내리면 '등록된 회원 그룹관리'에서 그룹 목록을 확인할 수 있습니다.

▶ 등록된 회원그룹관리					
그룹등급	아이콘	회원그룹 이름	회원그룹 설명	그룹 회원수	삭제
Lv. 4		골드등급	추가 혜택 없는 단순 그룹 분류 [상품 할인 설정 안함]	0명	몲 수정 ✕ 삭제
Lv. 3		실버등급	추가 혜택 없는 단순 그룹 분류 [상품 할인 설정 안함]	0명	몲 수정 ✕ 삭제
Lv. 2		브론즈등급	추가 혜택 없는 단순 그룹 분류 [상품 할인 설정 안함]	0명	몲 수정 ✕ 삭제
Lv. 1		새싹등급	추가 혜택 없는 단순 그룹 분류 [상품 할인 설정 안함]	0명	몲 수정 ✕ 삭제

01 [회원관리] > [회원 등급별 쇼핑몰 설정] > [회원그룹 부가 기능] 메뉴로 이동합니다. '신규회원 가입 즉시, 등록될 그룹 선택'에서 가장 낮은 기본 등급인 '새싹등급'을 선택하고 [저장] 버튼을 클릭합니다. 이후 가입하는 회원은 바로 '새싹등급'으로 자동 등록됩니다.

02 [회원관리] > [회원 등급별 쇼핑몰 설정] > [그룹별 회원등록 관리] 메뉴로 이동합니다. 여기에서는 이미 가입된 회원들을 조건에 따라 검색하여 회원그룹에 등록할 수 있습니다. 회원을 구매 금액별 등급으로 지정하기 위해서 '구매내역'을 선택하고 '구매 금액별' 항목에 금액 구간을 설정합니다. '입금/배송 기준별'에서 '완전 배송'으로 설정을 변경하고 [조건 검색]을 클릭합니다.

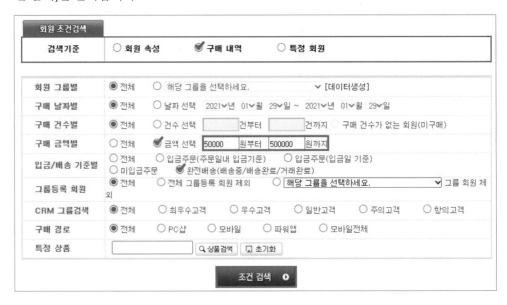

03 조건에 해당하는 회원이 있을 때에 아래 '검색결과 리스트'에 회원 정보가 나오는데 여기에서 해당 회원을 선택합니다.

04 '선택회원 그룹 등록/변경'의 '회원그룹 이름'을 '브론즈 등급'으로 선택합니다. 아래 '등록 옵션'에서 '선택회원 회원 그룹등록 + SMS발송'으로 선택을 바꾸면 그룹 변경과 동시에 고객에게 등급변경 알림 문자를 발송할 수 있습니다. 문자 내용은 왼쪽 '메시지 입력'에서 작성할 수 있습니다. 단, 문자발송은 사전에 SMS 문자 충전과 발신번호 등록을 해야 이용 가능합니다. 페이지 하단의 [회원그룹 등록] 버튼을 클릭하여 등록합니다.

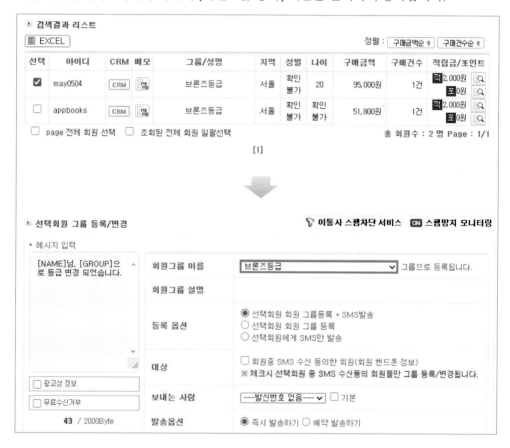

01 구매 금액 등의 조건에 따라 회원을 그룹에 자동등록 하는 기능입니다. [회원관리] > [회원 등급별 쇼핑몰 설정] > [그룹별 자동 등록 설정]으로 이동하여 '사용함'에 체크합니다.

그룹별 자동 등록 설정

사용유무	◉ 사용함　　○ 사용안함
회원등급 하향 기능	○ 사용함　　◉ 사용안함
회원등급변동 옵션 [등급변동 옵션 안내]	◉ 배송 완료시 변경(배송시점 설정) ○ 배송 완료시 변경(주문시점 설정) ○ 결제 완료 시 변경(주문시점 설정) ○ 매월 1일 자동등록조건 데이터를 기준으로 변경(배송 완료 기준) ○ 매월 1일 자동등록조건 데이터를 기준으로 변경(결제완료 기준)

02 자동등록 조건을 설정하기 위해 그룹 목록에서 [수정] 버튼을 클릭합니다.

2	Lv.2	브론즈등급	주문기간 : 미설정 주문건수 : 미설정 주문금액 : 미설정	적립금 : 0원 쿠폰 : 미설정	사용안함	사용안함	🖋 수정	☐

03 '자동 설정'에서 '사용함'으로 선택하고 자동등록 '기간', '주문금액', '주문건수'를 설정합니다. 필요에 따라 자동등록 혜택을 설정한 후 [확인] 버튼을 클릭합니다.

자동 등록 설정

그룹이름	브론즈등급	
회원그룹설명	미지정	
그룹 등급	Lv.2	
자동 설정	◉ 사용함 ○ 사용안함	
자동등록조건	기간	◉ 최근 [100] 일 ○ 고정 [　　　] 부터 ~ [　　　] 까지 ○ 전체
	주문금액	주문금액 [50000] 원 이상
	주문건수	주문건수 [0] 건 이상
자동등록혜택	적립금	해당 그룹에 자동 등록시 적립금 [0] 원을 드립니다.
	쿠폰	해당 그룹에 자동 등록시 쿠폰 [쿠폰을 선택하세요 ▼] 을 드립니다.
이탈방지설정	○ 사용함 ◉ 사용안함	

확인 ◉　　**취소 ◉**

* 자동등록 혜택은 해당 그룹에 자동으로 등록 될 경우 혜택을 자동지급하는 혜택입니다.
* 이탈방지를 설정하시면 해당그룹에 등록된 회원의 다른 그룹으로의 이탈을 방지하실 수 있습니다.
* 자동설정을 사용안함으로 하여도 이탈방지 기능은 적용되므로 주의하여 설정해주시기 바랍니다.

04 자동등록 조건을 수정한 등급을 선택하고 [저장] 버튼을 클릭합니다.

NO	그룹등급	그룹이름	회원그룹설명	자동등록 조건	자동등록 혜택	회원등급하향기능	이탈방지	수정	선택
-	-	그룹 미설정 회원	회원그룹이 미설정 된 회원	미설정	미설정	-	-	-	☐
1	Lv.1	새싹등급		주문기간 : 미설정 주문건수 : 미설정 주문금액 : 미설정	적립금 : 0원 쿠폰 : 미설정	사용안함	사용안함	🔲 수정	☐
2	Lv.2	브론즈등급		주문기간 : 100일 주문건수 : 0건 주문금액 : 50,000원	적립금 : 0원 쿠폰 : 미설정	사용함	사용안함	🔲 수정	☑
3	Lv.3	실버등급		주문기간 : 100일 주문건수 : 0건 주문금액 : 500,000원	적립금 : 0원 쿠폰 : 미설정	사용함	사용안함	🔲 수정	☑
4	Lv.4	골드등급		주문기간 : 100일 주문건수 : 0건 주문금액 : 1,000,000원	적립금 : 0원 쿠폰 : 미설정	사용함	사용안함	🔲 수정	☑

선택 초기화

저 장 ▶

05 [회원관리] > [회원 등급별 쇼핑몰 설정] > [자동 등록 회원 확인] 메뉴에서 날짜별, 그룹별 자동 등록된 회원을 확인할 수 있습니다.

자동 등록 회원 확인

기간 검색   2021-01-29 📅 2021-01-29 📅 어제 오늘 3일 7일 1일

아이디   [　　　　　]

회원그룹   회원그룹을 선택해주세요 ▾

검색   EXCEL

04 스마트 쿠폰 설정

쇼핑몰에 가입한 회원에게 제공하는 혜택 중 하나로 쿠폰 사용을 들 수 있습니다. 쿠폰을 지급하여 고객에게 할인, 적립, 배송비 무료, 배송비 할인의 혜택을 제공할 수 있고, 고객은 마이페이지에서 운영자가 지급하는 쿠폰을 확인할 수 있습니다. 쇼핑몰 내에서 쿠폰을 클릭하여 다운 받거나, 회원가입 시 자동으로 받는 등 다양한 형태로 지급 받을 수 있습니다. 이를 이용하여 쇼핑몰은 이벤트 정책을 구성하고 설정할 수 있습니다. 기존에 '왕대박 쿠폰'을 이용하던 분들도 손쉽게 스마트 쿠폰으로 재생성하여 이용할 수 있습니다.

 스마트 쿠폰 기본 설정

01 [프로모션] > [스마트 쿠폰 관리] > [쿠폰 기본 설정] 메뉴를 클릭합니다.

02 '스마트 쿠폰 사용 여부'에서 '사용함'으로 선택합니다.

03 [저장] 버튼을 클릭하고, 팝업으로 뜨는 '스마트 쿠폰 이용시 안내사항'을 숙지 한 후 설정 값을 변경합니다. 해당 팝업은 기존 왕대박 쿠폰을 이용하던 운영자에게 보여지는 부분입니다. 왕대박 쿠폰 서비스의 종료 안내와 새로운 스마트 쿠폰 서비스에 대한 동의 설정이므로 기운영자가 아닌 신규 가입한 분들은 보이지 않을 수 있습니다.

스마트 쿠폰 이용시 안내 사항 (왕대박 쿠폰 이용 종료)

[스마트 쿠폰 이용 전 안내사항]

1. 스마트 쿠폰이란?
- 스마트 쿠폰은 메이크샵의 새로운 버전의 쿠폰 입니다.

2. 스마트 쿠폰 사용 조건
- 스마트 쿠폰은 [주문2.0/통합옵션] 버전에서만 사용이 가능합니다.
- [개별디자인 > 주문서페이지]를 기본소스로 적용한 후에, 주문서 페이지를 꾸며주시기 바랍니다.

3. 스마트 쿠폰으로 변경 후, 유의 사항
- [자동발급 쿠폰]영역에 쿠폰을 새롭게 지정해줘야 합니다.(생일감사 쿠폰, 개인정보 변경 쿠폰 등)
- 스마트 쿠폰으로 변경할 경우, [왕대박 쿠폰 / 紙 종이쿠폰]의 사용이 불가합니다.
- 스마트 쿠폰으로 변경 후에는 왕대박 쿠폰으로 복원하실 수 없습니다.

☐ 위 내용을 모두 확인했으며, 스마트 쿠폰으로 변경합니다.

[변경]

스마트 쿠폰 설정 방법을 자세히 알고 싶으신 분들은
QR코드를 통해 접속해 주세요! **유튜브 영상**으로 확인 가능합니다!

상품 할인 다운로드 쿠폰 만들기

쿠폰 생성하기

01 [프로모션] > [스마트 쿠폰 관리] > [쿠폰 만들기] 메뉴로 이동합니다. '쿠폰 유형'을 '상품 쿠폰'으로 선택합니다. '중복 쿠폰'은 중복하여 사용할 수 있는 쿠폰으로 '쿠폰 기본 설정' 메뉴에서 사전에 중복가능한 횟수를 지정해 주어야 합니다.

02 '쿠폰 이름'과 '쿠폰 설명'을 입력합니다.

03 '쿠폰 발급 방식'은 '다운로드'로 선택합니다.

04 '발급 기간'을 설정하고 '사용 기간'은 '발급 후 3일 동안 사용 가능'으로 설정합니다. 제한된 사용 기간을 주는 것이 소비자 구매촉진을 위해 좋습니다. '노출 기간 설정'은 발급기간과 동일하게 설정합니다.

05 '쿠폰 사용 조건'과 '전체 발급 수량'을 설정합니다.

06 '할인 혜택 설정'에 할인 금액을 입력하고 [확인] 버튼을 클릭합니다.

추가입력정보	
쿠폰 발급 범위 ?	☑ 전체 ☑ PC웹 ☑ 모바일 웹 ☑ 모바일 앱(파워앱)
발급 가능 회원 등급 선택 ?	회원 등급 선택
ID당 다운 가능 수량 설정	다운 가능 수량 1 장
쿠폰 노출 범위 ?	☑ 전체 ☑ 쿠폰존 ☑ 마이페이지 ☑ 혜택팝업
할인 혜택 설정	1000 원 ▾ 할인
최대 할인 금액 설정	% 절사안함 ▾

PC 화면에 쿠폰존 노출하기

01 [개별디자인] > [디자인 스킨 관리] > [디자인 스킨 관리] 메뉴를 클릭합니다.

02 '내 쇼핑몰 스킨'의 [디자인 편집하기] 버튼을 클릭합니다.

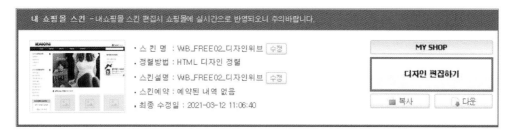

03 디자인 편집 화면이 열리면 '쿠폰존'을 노출할 화면을 선택합니다. 여기에서는 쇼핑몰 우측 펼침 메뉴에 노출하도록 하겠습니다. 해당 코드가 있는 [상단] > [기본 상단]을 클릭합니다.

04 코드에서 '쿠폰존' 텍스트를 노출할 위치를 찾습니다. 여기에서는 '마이쇼핑' 아래에 노출하기 위해 '마이쇼핑'이 적혀있는 곳을 찾습니다(코드에서 바로 찾기 어려울 경우 브라우저에서 단축기 [Ctrl+F]를 눌러 찾기 창을 열고, '마이쇼핑'을 검색하면 쉽게 찾을 수 있습니다).

```
<div class="board-btn div-wrap">
        <a href="/board/board.html?code=cozylive_board1">공지</a>
        <a href="/board/board.html?code=cozylive">Q&amp;A</a>
        <a href="/board/board.html?code=cozylive_board2">후기</a>
        <a href="/shop/faq.html">FAQ</a>
        <a href="<!--/link_basket/-->">CART</a>
        <a href="<!--/link_mypage/-->">마이쇼핑</a>
</div>
```

05 노출할 코드 복사를 위해 [프로모션] > [스마트 쿠폰 관리] > [쿠폰 기본 설정] 메뉴를 클릭합니다. 페이지 하단의 쿠폰존 가상태그를 복사합니다.

> ## ※ 쿠폰존 가상태그 안내
>
> - 다운로드 쿠폰으로 생성한 쿠폰들의 대한 정보를 안내할 수 있는 페이지를 [쿠폰존]이라고 합니다.
> - 쿠폰존 노출 방법은 [개별디자인 > 상단 > 기본상단]영역에 가상태그를 추가하셔야 합니다.
> - 가상태그 : `<a href="<!--/link_coupon_zone/-->">쿠폰존</a>` ← 복사하기

06   디자인 편집 화면으로 돌아가 '마이쇼핑' 아래에 붙여넣기 한 뒤 [저장] 버튼을 클릭합니다.

```
<div class="board-btn div-wrap">
        <a href="/board/board.html?code=cozylive_board1">공지</a>
        <a href="/board/board.html?code=cozylive">Q&amp;A</a>
        <a href="/board/board.html?code=cozylive_board2">후기</a>
        <a href="/shop/faq.html">FAQ</a>
        <a href="<!--/link_basket/-->">CART</a>
        <a href="<!--/link_mypage/-->">마이쇼핑</a>
        <a href="<!--/link_coupon_zone/-->">쿠폰존</a>
</div>
```

07   내 쇼핑몰에서 오른쪽 메뉴를 열어 '쿠폰존' 텍스트를 확인합니다. 클릭하면 쿠폰존 화면
으로 링크됩니다.

모바일 화면에 쿠폰존 노출하기

01   [모바일샵] > [모바일샵 설정] > [모바일D4(개별디자인)] 메뉴를 클릭합니다.

02   [디자인 편집하기] 버튼을 클릭합니다.

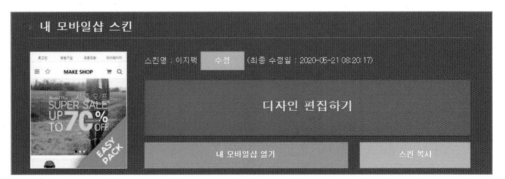

03 모바일 편집 화면의 왼쪽 메뉴에서 [상단] > [기본 상단]을 클릭합니다.

04 [햄버거 메뉴]를 클릭합니다.

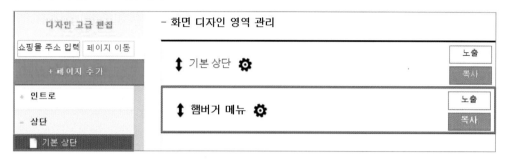

TIP **햄버거 메뉴란?**

햄버거 버튼은 햄버거와 우연히 닮은 데에서 비롯된 것으로 주로 사이트 최상
위 모퉁이에 위치합니다. 요약된 메뉴들을 더 볼 수 있는 기능으로 내비게이션
과 같은 역할을 합니다.

05 '커뮤니티 개별 메뉴'에서 [+메뉴추가] 버튼을 클릭합니다.

06 '메뉴명'을 입력하고 [페이지 주소]를 클릭합니다.

07 '쿠폰존'을 검색하여 해당 링크 주소를 복사합니다.

08 '링크' 부분에 붙여넣기 하고 아래 '스타일'에서 텍스트의 색상, 크기 등을 설정합니다. [확인] 버튼을 클릭하여 설정사항을 저장합니다.

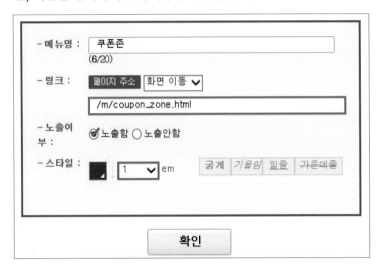

09 모바일 쇼핑몰에 반영하기 위해서는 [설정 저장] 버튼을 클릭하고 최종적으로 [디자인 저장] 버튼을 클릭하여야 합니다.

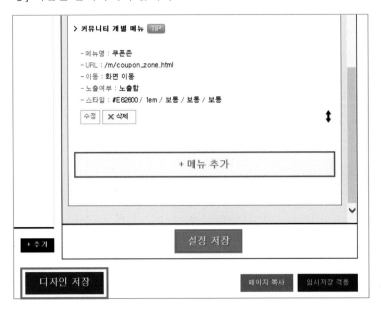

10 모바일 쇼핑몰에서 상단의 햄버거 메뉴 버튼을 클릭합니다. [커뮤니티] 영역에 '쿠폰존'이 생성된 것을 확인합니다. 메뉴를 클릭하면 쿠폰을 다운로드 할 수 있도록 보여집니다.

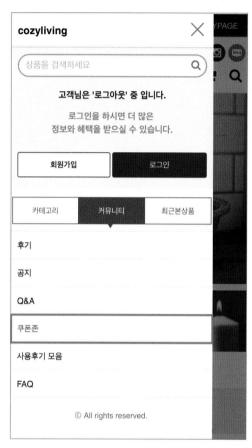

SMS 관리

쇼핑몰에서 고객에게 문자를 보낼 수 있는 기능입니다. 쇼핑몰의 소식을 고객이 사이트에 일일이 접속하여 확인하지 않아도 문자로 확인 가능하기 때문에 많은 쇼핑몰에서 활용하고 있습니다. 회원가입, 회원등급 변경 등의 쇼핑몰 이용 알람부터 주문, 발송준비 등의 절차도 즉각적으로 전달 가능하며 신상품입고, 할인행사 등의 이벤트 진행 소식도 전달할 수 있습니다. 자동발송 기능도 있으므로 필요한 조건을 알맞게 세팅하여 이용할 수 있습니다. 문자 기능은 미리 발송 건수를 충전 해야 이용할 수 있으므로 [회원관리] > [문자(SMS) 발송/관리] > [SMS 충전] 메뉴에서 충전하도록 합니다.

발신번호 설정

발신번호 사전등록 발신번호 인증방법을 선택 후 발신번호를 등록해 주세요.	? 등록 가능 발신번호
인증번호	● 서류인증 (유선번호 인증 시 선택)　　　○ 휴대폰 인증
발신번호 입력	(공백)　　　✔ - ☐ - ☐ - 서류인증의 경우 "통신서비스 이용 증명원"을 파일 첨부 하셔야 인증처리 됩니다.
파일첨부	☐ [파일선택] - 첨부서류 : 통신서비스 이용 증명원　- 파일 규격 : jpg, png　용량 : 2M 이하

발신번호 등록은 선택이 아닌 법적 의무사항이니 반드시 등록해야 합니다. [쇼핑몰 구축] > [쇼핑몰 기본정보 설정] > [발신번호 사전 등록] 메뉴를 클릭합니다. 발신번호는 유선번호, 휴대폰 두가지로 인증 가능하므로 알맞게 선택하고 번호를 입력합니다. 유선번호는 서비스 이용 증명원 서류를 첨부하고, 핸드폰은 문자로 인증키를 전송하여 입력하는 방식으로 인증합니다. 'SMS 이용약관' 동의에 체크하고 페이지 하단 [확인] 버튼을 클릭합니다.

SMS 기본 설정

01 [회원관리] > [문자(SMS) 발송/관리] > [SMS 서비스 설정] 메뉴를 클릭합니다. '쇼핑몰
    명'을 입력하고 등록한 발신번호를 선택합니다. 광고성 문자를 발송할 때에 수신거부 표
    시는 필수이므로 수신거부 처리를 할 수 있는 '080 수신거부 서비스'를 이용하면 편리합
    니다. 그렇지 않을 때는 수신거부를 요청할 수 있도록 고객센터 번호를 입력합니다.

SMS 운영자 정보 입력	
쇼핑몰명	cozy living
회신 전화번호	---발신번호 없음--- **발신번호 사전등록 >** 문자 (SMS) 발송 시 발신번호 사전등록 필수(법적 의무사항)
수신거부 전화번호 (수신자 부담 전화번호)	서울 (02) - - 영리목적의 광고성 문자 발송시 수신거부 표시 필수!(법적 의무사항) **080 수신거부서비스 >**
운영자 핸드폰	010 - -

02 '추가설정'에서 '메시지 발송 옵션'을 변경합니다. 기본 설정의 '메시지 발송'은 메시지가
    90Byte가 넘을 때 그 이상의 메시지는 고객에게 전달되지 않으므로, 'LMS 발송' 혹은
    '메시지 이어서 발송하기'로 변경하는 것을 추천합니다. 설정을 마치고 페이지 하단에서
    [확인] 버튼을 클릭합니다.

추가 설정	
추가번호 발송옵션	☐ 070,050 번호도 SMS/LMS 발송 (단, 070,050번호는 수신여부와 관계없이 발송시점에 무조건 건수 차감됩니다.)
메세지 발송옵션	☑ LMS로 발송(메세지 최대 2000Byte까지 한메세지로 발송가능, 단 SMS 3건차감) ☑ 메세지 이어서 발송하기 (90Byte 넘을경우 자동으로 2-3개로 나눠서 발송) ◯ 메세지 발송(90Byte까지만 발송) ◯ LMS로 발송(메세지 최대 2000Byte까지 한메세지로 발송가능, 단 SMS 3건차감,제목미발송)

01 [회원관리] > [문자(SMS) 발송/관리] > [SMS 발송 메시지 관리] 메뉴로 이동합니다. '메시지 발송 방법 설정'을 변경합니다.

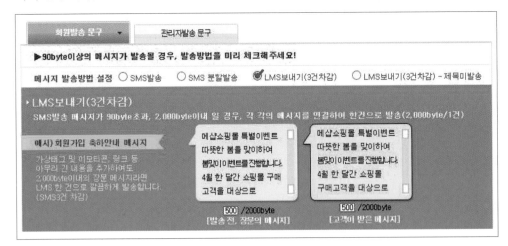

02 아래 메시지 목록에서 자동발송할 메시지를 선택하고, 문구를 수정하여 작성합니다. 문구에서 고객정보에 맞게 치환되어 보여야 할 부분은 아래 [가상태그] 버튼을 클릭하여 태그로 작성할 수 있습니다. '광고성 정보'와 '무료수신거부'는 [회원관리] > [문자(SMS) 발송/관리] > [SMS 서비스 설정]에서 '수신거부 전화번호'가 입력되어 있어야 설정할 수 있습니다. 설정을 마치고 [확인] 버튼을 클릭하면, 선택된 메시지가 자동발송 처리됩니다.

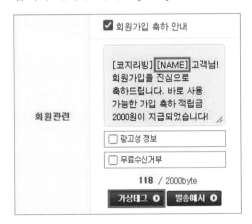

03 고객이 받은 메시지에는 가상태그 부분이 고객정보로 치환되어 전송됩니다.

> [Web발신]
> [코지리빙] 강수진 고객님!
> 회원가입을 진심으로 축하드립니다.
> 바로 사용 가능한 가입 축하 적립금
> 2000원이 지급되었습니다!

TIP 발송 메시지 추천 예시 문구

[회원관리] > [문자(SMS)발송/관리] > [SMS발송 메시지 관리] 메뉴를 클릭하여 나오는 '회원 발송문구'에서 일부를 수정하여 이용하면 됩니다. 발송 화면중 회원ID, 회원이름, 주문번호, 주문금액 등 고객에 따라 치환되어 보여 질 내용은 [가상태그] 버튼을 클릭하여 나오는 가상태그로 작성하면 됩니다. 발송 결과화면에 대한 대략적인 예시를 안내드리니 참고하여 내 쇼핑몰의 타겟 및 전략에 어울리는 설정과 문구로 적용하기 바랍니다.

<회원관련>

가입축하 안내

회원가입을 알리는 문구와 함께 가입 혜택이 있다면 반드시 함께 기재하도록 합니다. 회원가입과 주문처리 등의 일반적인 절차에 따라 메시지를 달리 조작할 필요가 없는 경우의 메시지는 자동발송 사용을 추천합니다.

> [Web발신]
> [코지리빙] 회원가입을 축하드립니다. 바로 이용가능한 적립금 2000원을 지급해드렸습니다.

> [Web발신]
> [코지리빙] 강수진님 회원가입을 감사드립니다.

> [Web발신]
> CozyLiving 강수진님 회원 가입을 축하드립니다.

> [Web발신]
> 강수진 회원님 코지리빙 회원으로 가입되셨습니다.

<주문관련>

상품주문 안내

회원, 비회원을 선택하여 설정할 수 있고 무통장 입금으로 주문시 '무통장 미발송'으로 설정하여 주문 및 결제완료 안내로도 사용할 수 있습니다. 무통장 입금의 경우는 별도로 '입금확인 안내'에서 설정할 수 있습니다.

> [Web발신]
> [Cozyliving] 주문번호
> '216738294726' 의 주문건
> 38,250원이 결제되었습니다.

> [Web발신]
> [코지리빙]
> 강수진님의 2103081751000149
> 주문이 결제완료 되었습니다. 감사합
> 니다.

주문취소 안내

주문취소의 경우 고객의 변심인지 품절, 오류 등으로 인한 자사의 책임인지 그 사유에 따라 작성하는 문구가 달라질 수 있습니다. 기본적인 주문 취소에 대한 정보는 자동발송으로 설정하여 안내하는 것을 추천하고, 자사에 책임이 있는 경우 개별적인 메시지로 취소 양해를 구하며 안내가 필요한 부분입니다.

> [Web발신]
> [코지리빙] 09891291 주문취소, 환
> 불금액 -130000원

> [Web발신]
> 안녕하세요. 코지리빙입니다.
> 죄송하게도 주문하신 마블비누받침
> 제품이 재고부족으로 인해 배송이 불
> 가함을 안내드립니다. 따라서 해당 상
> 품은 주문 취소처리 및 환불 절차가
> 진행될 예정입니다. 앞으로 더 좋은
> 제품과 서비스를 제공해 드릴 수 있도
> 록 더욱 노력하겠습니다. 감사합니
> 다.

상품발송 및 송장번호 안내

> [Web발신]
> [코지리빙]
> 강수진님 주문하신 상품이 CJ대한통
> 운/388759032881로 발송되었습
> 니다

> [Web발신]
> 강수진님 우체국택배
> 6066258980798로 발송되었습니
> 다. 기다려주셔서 진심으로 감사드립
> 니다. cozyliving

배송지연 안내

배송 지연은 주문건이 [배송보류] 상태일 때 자동발송 되며 때에 따라서는 지연 시기와 사유가
제각각이므로 개별발송하기도 합니다. 상품의 일시품절이나 입고지연으로 인해 배송이 지연될
경우 지연 사유와 추후 일정에 대한 상세 안내를 함께 써주면 좋습니다.

[Web발신]
[코지리빙]
고객님께서 주문해주신 상품(들)이
입고지연되어 연락드립니다.
오늘 날짜 기준으로 3-4일(주말,공
휴일 제외) 더 소요될 예정입니다.
최대한 빠른 입고 요청중에 있으며,
많은 수량 확보 후 빠른 출고 도와드
리겠습니다ㅠㅠ ♥

[Web발신]
[코지리빙]안녕하세요.고객님.
주문 주신 상품 라운드 나무도마의 재
고가 빠르게 소진되어 현재 일시품절
로 8월4일 입고 예정입니다. 8월4일
순차출고예정이니 많은 양해 부탁드
립니다. 변경을 원하시면
02-111-1111로 연락 부탁드립니다.
불편을 드려 죄송합니다.
감사합니다.

(발신전용번호로 문자수신이 불가합
니다.)

PART 2

결제관리

쇼핑몰 초기 결제 기본설정은 무통장입금으로 설정되어 있습니다. 이후에 통합결제사(PG)의 서비스를 신청하여 카드심사 후 결제방법을 추가하여 이용할 수 있습니다. PG서비스는 신용카드, 가상계좌, 실시간 계좌이체를 가능하게 합니다. 최근에는 그와 더불어 고객편의를 위해 간편결제 서비스도 많이 이용하고 있습니다.

간편 결제 신청

고객이 사전에 결제정보를 등록한 후 결제 시 간단한 비밀번호만 입력하면 되는 간편한 결제수단입니다. 네이버페이, 카카오페이, 페이코, 삼성페이, 쓱페이(SSG), 스마일페이, 토스, 차이의 8개 간편결제 중 선택적으로 신청, 이용할 수 있습니다. 고객이 이미 결제정보를 입력 해 놓고 이용하던 결제 서비스가 쇼핑몰 결제 수단으로 제공된다면 결제완료까지의 절차는 더욱 단축될 수 있기 때문에 매출 상승을 기대할 수 있습니다.

01 [쇼핑몰 구축] > [간편결제 서비스] > [간편결제 신청] 메뉴를 클릭합니다. 원하는 PG사의 [신청하기] 버튼을 클릭하고 신청서 작성을 진행하면 됩니다.

02 간편결제 신규가맹 신청서를 입력하여 등록을 마칩니다. 각 PG사의 [계약서 출력하기] 버튼으로 계약서를 받아 작성하고 페이지 하단에 안내된 구비서류를 준비하여 제출합니다. 각 카드사 심사 기간은 업체별로 상이하나 대략 2주 정도가 소요됩니다.

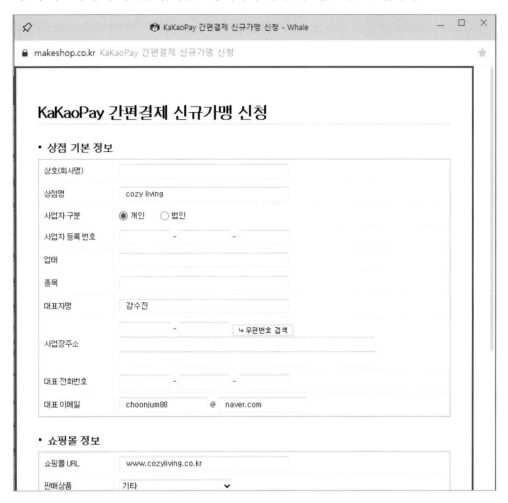

주문형 네이버페이

네이버페이는 쇼핑몰 상품 상세페이지에서 [N Pay 구매하기] 버튼이 노출되는 '주문형 네이버페이'와 다른 간편결제 시스템처럼 결제수단으로 주문서 내에 노출되는 '결제형 네이버페이' 두 가지가 있습니다. '결제형 네이버페이'의 경우는 '최근 6개월 월평균 PG 결제금액 5억원 이상인 상점'이라는 가입 조건이 있으므로 조건에 해당되지 않을 때에는 일반적으로 '주문형 네이버페이'를 세팅하여 이용합니다. 이는 사전에 이용중인 PG사가 세팅되어 있어야 이용 가능합니다(네이버페이 가입 조건은 달라질 수 있으므로 확인 후 선택해 주세요).

01 주문형 네이버페이는 'https://admin.pay.naver.com/' 사이트로 이동하여 [네이버페이센터가입] 버튼을 클릭하고 가입을 진행합니다.

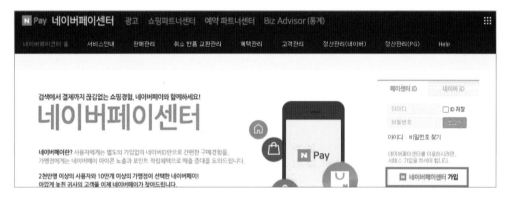

02 사업자 유형을 선택합니다. ID 및 로그인 정보를 입력하고 가입 시 유의사항에 동의 한 뒤 PG사 정보를 입력합니다. PG 정보로는 PG 가맹점센터 로그인에 필요한 사이트 코드, PG ID, PG 비밀번호, 사업자 등록 번호 등이 필요하며, 관련 문의사항은 이용중인 각 PG 사에 문의하여 입력합니다.

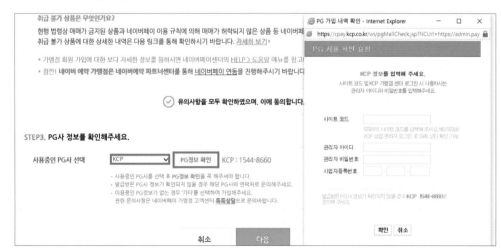

03 가입 약관에 동의하고 쇼핑몰 정보와 사업자 정보, 계좌 정보, 배송 정보 등을 입력합니다. 가입을 위한 서류 파일을 등록한 뒤 신청 버튼을 클릭하면 가입신청이 완료됩니다. 서류는 사업자등록증 사본, 통장사본, 매매보호서비스 가입증명서(에스크로 가입 확인서), 통신판매업 신고증 사본 등을 등록합니다.

04 입력한 정보와 서류에 대한 가입 승인이 완료되고 나면 신청시 입력한 관리자 메일로 승인완료 안내 메일을 받아볼 수 있습니다. 메일에 입력된 인증키들을 메이크샵 관리자페이지에 등록 후 연동이용 가능합니다.

05 메이크샵 관리자 화면에서 [마케팅센터] 메뉴를 클릭합니다. [포탈광고] 탭에서 '네이버 페이 소개' 메뉴를 클릭합니다.

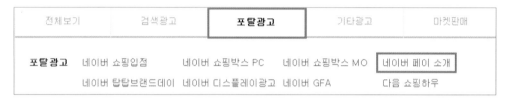

06 왼쪽 메뉴에서 [네이버 서비스 기본 설정] 메뉴를 클릭합니다.

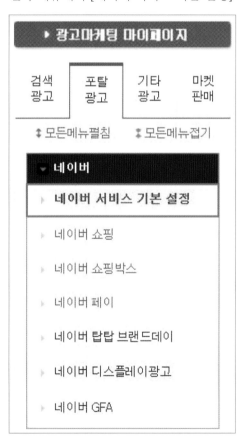

07 '네이버 제휴서비스 가맹 현황'에서 '네이버페이'를 체크합니다. 가입 시 네이버 쇼핑도 함께 가입했다면 이 부분도 체크합니다.

08 '네이버 공통 인증키' 부분에 메일로 온 인증키를 입력하고 [중복체크] 버튼을 클릭합니다. 아래 항목에 동의 한 뒤 [저장] 버튼을 클릭합니다.

네이버 제휴서비스 가맹현황			
제휴서비스 가맹현황	☐ 네이버 쇼핑	☑ 네이버 페이	☐ 마일리지

   – 현재 가맹중인 네이버 제휴서비스를 체크해 주시기 바랍니다.

네이버 공통 인증키 설정 (네이버 쇼핑 가맹시에는 반드시 입력해 주셔야 합니다.)

네이버 공통 인증키 ?	메일에서 확인	중복체크 ▶

09 왼쪽 메뉴에서 [네이버페이] > [네이버페이 설정] 메뉴를 클릭합니다.

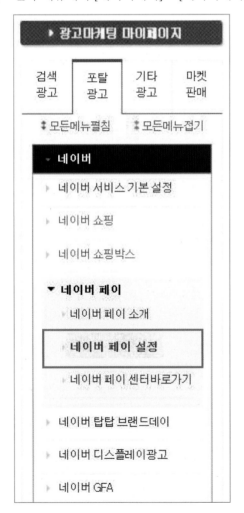

10 네이버페이 노출 설정에 체크하고 네이버페이의 '가맹점ID'와 '인증키', '버튼키'를 승인 완료 이메일을 참고하여 입력합니다.

네이버페이 노출설정	⦿ 노출함 ○ 노출안함	설정 시 네이버페이 버튼이 노출됩니다. (네이버페이 정책 PC/모바일 동시 노출)
모바일 노출설정	⦿ 노출함 ○ 노출안함	모바일의 네이버페이 버튼 노출을 설정합니다.
가맹점ID	[　　　　　　] 중복체크 ❶	네이버 페이 가입시 승인 상점 ID를 입력해주세요!
인증키	[　　　　　　]	네이버 페이 가입시 네이버로 부터 발급되는 키(key)입니다.
버튼키	[　　　　　　]	네이버 페이 가입시 네이버로 부터 발급되는 키(key)입니다.

11 PC와 모바일에 노출될 네이버페이 버튼을 각각 선택하고 아래 항목값을 설정합니다. 그 중 연동 메뉴들은 모두 연동을 권장합니다. 설정을 마친 뒤 [확인] 버튼을 클릭합니다.

주문연동 선택	⦿ 주문내역 연동 ○ 연동안함 * 주문내역 연동 : 메이크샵 관리자페이지에서 제공하는 [주문관리]에서 네이버 페이 주문을 확인하실 수 있습니다. * 연동안함 : 메이크샵 [주문관리]페이지와 주문연동 없이, 네이버 페이 센터에서 네이버 페이 주문 확인/관리가 가능합니다.
재고연동	⦿ 연동함 ○ 연동안함
후기연동	⦿ 연동함 ○ 연동안함 ☑ 일반 리뷰 게시판 후기 ☑ 코멘트/평점 타입 게시판 후기 * 후기내역 연동 : 코멘트/평점타입, 상품 리뷰형 게시판에 네이버 페이 후기가 연동됩니다. * 1일 1회 수집됩니다. (다음날 새벽시간에 수집되므로, 당일 작성글 위로 네이버 페이 후기 작성글이 노출됩니다.) * 관리자 페이지 각 게시판설정에 따라 관리됩니다. (노출 및 수정/삭제) * 포토/동영상 리뷰에서 동영상이 첨부된 리뷰는 연동되지 않습니다. * 텍스트 리뷰 : 코멘트/평점 타입 리뷰, 게시판 타입 리뷰, 파워리뷰에 구매평 연동됩니다. (최대 100자) * 포토/동영상 리뷰 : 코멘트/평점 타입의 경우 텍스트 내용만 연동됩니다. 네이버 에디터를 사용하여 작성된 후기글의 경우 정상적으로 출력되지 않을 수 있습니다. * 코멘트/평점 타입 리뷰를 파워리뷰로 연동한 경우 텍스트 내용만 연동됩니다. * ', ", ₩ 와 같은 특수기호, 네이버 에디터 이용 동영상은 정상적으로 출력되지 않을 수도 있습니다.

12 해당 스킨디자인에서는 상품 상세페이지에 네이버 페이 버튼에 대한 노출 코드(가상태 그)가 입력되어 있으므로 설정을 마치면 자동으로 버튼이 노출됩니다. 상품 상세페이지와 장바구니 페이지에서 노출된 버튼을 확인할 수 있습니다.

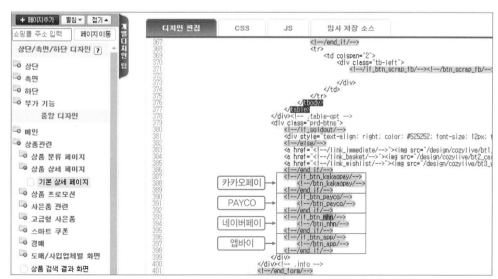

PART 3

주문관리

쇼핑몰에 들어온 주문건에 대해 확인하고 처리할 수 있는 메뉴입니다. 주문건에 대한 처리는 각 단계별로 진행되는데 현재 진행중인 단계에 있는 주문내역을 확인하고 다음 단계로 처리할 수 있습니다. 취소, 교환, 반품, 환불의 클레임 처리와 2020년 의무화된 현금영수증 관리, 무통장 입금시 자동확인 할 수 있는 비뱅크 서비스에 대한 내용도 알아봅니다.

주문서 처리하기

고객이 상품을 주문하면 관리자는 단계별로 주문건을 처리합니다. '입금확인-배송준비-배송중-배송완료'의 단계로 진행하며 하나의 주문건에 대한 단계별 설정과 각 단계별 모든 주문건의 일괄 설정이 가능합니다.

배송사 설정하기

01 주문건 발송처리를 위해서는 배송사 목록이 사전 설정되어야 합니다. [주문관리] > [부가관리] > [배송사 목록 설정] 메뉴를 클릭합니다.

02 '기본 배송사 설정'에서 자주 사용할 메인 배송사를 선택하고, 아래 '배송사 목록'에서 서브로 이용할 배송사 혹은 배송 방법에 체크하고 [자주 사용하는 배송사 설정] 버튼을 클릭합니다.

■ 배송사 목록 설정

설명

주로 사용하시는 배송사만 선택하여 사용 하실수 있습니다.

기본 배송사 설정

CJ대한통운

기본 배송사는 배송사 목록에 자동으로 포함 저장됩니다.

배송사 목록

☐ 24quick	☐ GTXlogis	☐ 동부택배	☐ 제일제당(CJ택배)
☐ ACI익스프레스	☐ KG 옐로우캡택배	☐ 두발히어로	☑ 직접배달/수령
☐ AIR BOY	☐ KGB택배	☐ 드림택배	☐ 천일택배
☐ CJ GLS	☐ Korea post(국제등기)	☑ 등기/소포 우편	☐ 카스택배
☐ CJ GLS(해외)	☐ Sagawa Express	☐ 로젠글로벌	☐ 퀵퀵닷컴
☐ CJ대한통운	☐ UPS	☐ 로젠택배	☐ 티피엠코리아(주) 용달이특송
☐ CJ택배 뉴욕	☐ USPS	☐ 롯데택배	
☐ DHL	☐ iecot	☐ 범한판토스	☐ 편의점택배
☐ Dazen(다젠) 국내	☐ 건영화물	☐ 벨익스프레스(자동송장)	☐ 하나로(고려)택배
☐ Dazen(다젠) 국제	☐ 경동택배	☐ 스피디익스프레스	☐ 한의사랑택배
☐ EMS	☐ 국제소포	☐ 오늘의 픽업	☐ 한진(개인고객)
☐ EMS 프리미엄	☐ 농협택배	☑ 우체국택배	☐ 한진(기업고객)
☐ EMS(영문)	☐ 당일배송(기타)	☐ 위드익스프레스	☐ 합동택배
☐ EMS(해상특송)	☐ 당일배송(바익스)	☐ 위즈와	☐ 호남택배
☐ FLF퍼레버택배	☐ 대신정기화물	☐ 이노지스	☐ 홈픽택배
☐ FedEx	☐ 대신택배	☐ 일양택배	
☐ GSM	☐ 대한통운 국제택배	☐ 장군택배	

* 제공하는 배송사 외에 다른 배송사 추가를 원하실 경우 네이버 / 다음 포털사이트에서 송장번호 검색 시 정상적으로 조회되어야 추가가 가능합니다.

* 하나로(고려)택배 / CJ GLS (CJ 대한통운으로 이용 가능) 배송업체는 네이버페이와 배송업체 연동 가능하지 않습니다.

[자주 사용하는 배송사 설정] [닫기]

주문건 발송 처리하기

01 [주문관리] > [통합 주문 리스트] > [통합 주문 리스트] 메뉴를 클릭합니다.

02 '주문 검색 날짜'를 주문건이 발생한 날로 선택하고 [검색] 버튼을 클릭합니다.

03 '주문내역'에 해당 날짜의 주문건이 노출됩니다. '미결제' 상태의 주문건에 대한 간략한
    정보가 표시되고 주문번호를 클릭하면 주문 상세화면이 열립니다.

04 주문내역 상세화면의 '결제 수단'에서 '무통장입금'으로 선택된 것을 확인할 수 있습니다.
    관리자가 입금은행의 내역을 조회하여 결제를 확인 후 '미결제' 상태의 주문건을 '입금확
    인' 단계로 보내야 하고 이 때에 [입금확인] 버튼을 클릭하면, 입금 확인 날짜와 시간이 기
    록됩니다.

05 입금 확인된 주문건의 상품을 배송 준비 할 때 '배송준비중' 단계로 보냅니다. 발송할 상품 앞에 체크하여 선택하고 [배송준비] 버튼을 클릭합니다.

06 배송 준비를 마치고 택배를 발송할 때에 송장번호를 입력하고 [번호 변경] 버튼을 클릭합니다.

07 발송할 상품을 모두 선택하고 [배송중] 버튼을 클릭하면 배송중 처리가 완료됩니다.

08 발송처리가 모두 완료되고 나면 고객은 주문 상세조회를 통하여 송장번호를 확인할 수 있고 바로 배송추적 할 수 있습니다.

02 주문 클레임 처리하기

 발송 전 주문건 취소 및 환불하기

01 주문내역 상세화면에서 취소할 상품을 선택하고 '클레임처리'의 [취소] 버튼을 클릭합니다.

02 '주문 취소 정보' 창이 뜨면 취소 사유를 입력하고 내용을 확인한 뒤 [취소 완료] 버튼을 클릭합니다.

03 '주문취소' 탭에 취소건이 생깁니다. '입금후 취소 완료 - 환불전' 상태이므로 환불을 위해 '환불관련' 탭을 클릭합니다.

04 환불건이 보이면 [상세보기] 버튼을 클릭하여 환불 상세 내용을 확인합니다.

05 환불 상세 내용에서 환불시 추가할 금액 정보가 있는지 확인하고 환불 수단을 입력합니다. 상세내용의 계산된 금액만큼 환불을 진행하고 [환불완료] 버튼을 클릭합니다. 주문건 부분취소일 때는 남은 주문상품에 대하여 발송을 진행하면 됩니다.

![단순 변심 상품 교환하기]

🛍 단순 변심 상품 교환하기

01 [주문관리] 메뉴를 클릭하여 주문건에 대한 조건을 설정하고 검색합니다. 주문내역에서
해당 주문건의 '주문번호'를 클릭하여 주문상세 창을 엽니다.

02 교환할 주문 상품을 선택하여 [교환] 버튼을 클릭합니다.

03 교환 접수 창에서 '고객 요청 내용'을 작성하고 [교환 접수] 버튼을 클릭합니다.

04 고객이 보낸 기존 발송 상품이 수거되면 해당 상품을 선택하고 [수거완료] 버튼을 클릭합니다.

05 수거 완료된 상품을 선택하고 [교환상품 선택] 버튼을 클릭합니다.

06 교환 상세 정보창에서 [교환상품 찾기] 버튼을 클릭하여 선택합니다. 여기에서는 동일한 상품의 다른 색상 옵션을 선택하고 하단의 [해당상품 선택] 버튼을 클릭합니다.

07 단순변심에 의한 교환이므로 '재발송시 배송부담'을 '고객부담'으로 선택한 뒤 재발송 비용(편도)을 입력합니다. 하단의 교환 사유도 '단순변심'으로 선택합니다.

08 아래 '반품품목 재고처리'에서 상품에 손상이 없는 것이 확인 되면 '인터넷용 창고재고'를 선택하여 다시 재고 전환 하도록 합니다. 페이지 하단의 [교환 승인]을 클릭합니다.

09 '재결제 금액 정보'의 '반송비'를 '고객에 의한 반품'으로 선택하고 최종으로 고객이 재결제할 금액을 확인합니다. 재결제 수단과 입금자명을 확인하여 입력하고 결제 사유를 [변심]으로 변경합니다. 페이지 하단의 [재결제 재접수] 버튼을 클릭합니다.

10 해당 주문건의 주문 상세로 돌아오면 처리상태가 '재결제 대기' 상태인 것을 확인할 수 있습니다. 해당금액이 재결제 완료되면 [재결제 입금 확인] 버튼을 클릭합니다.

11 이후 일반 주문건과 동일한 방법으로 배송준비, 송장번호 입력, 배송중의 절차를 진행하여 처리합니다.

주문건 반품하기

01 반품건의 주문상세에서 상품을 선택하고 [반품] 버튼을 클릭합니다.

02 '고객 요청 내용'을 입력하여 반품 접수를 작성하고 [반품 접수] 버튼을 클릭합니다.

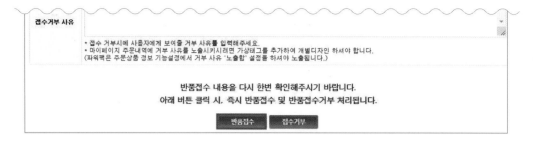

03 반품 접수된 상품을 선택하고 [반품 승인] 버튼을 클릭합니다. 반품 정보를 작성 및 확인하고 '반품 품목 재고처리'는 불량이므로 '파손 손망실'에 체크합니다. 페이지 하단의 [반품 승인] 버튼을 클릭합니다.

04 반품 승인 후 반품 1건과 함께 '환불관련' 탭에도 내역이 확인됩니다. 해당 탭을 클릭하고 [상세보기] 버튼을 클릭합니다.

05 환불 금액 정보를 작성합니다. 여기에서는 상품 불량으로 인한 반품이므로 '배송비 환불'을 선택하고 주문시 사용한 적립금이 존재하므로 '주문시 사용한 적립금 환불'의 '전체 환불'을 선택합니다. 총 환불액을 확인합니다.

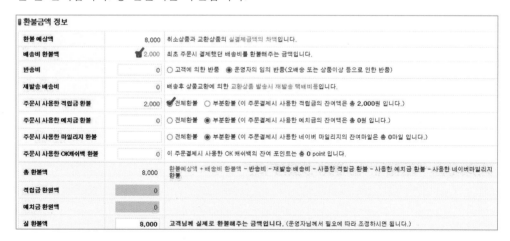

06 아래쪽으로 내려 환불 수단을 선택, 환불 계좌를 입력합니다. 무통장 입금으로 환불시에는 입금 후 아래 [환불 완료] 버튼을 클릭합니다.

07 고객이 주문할 때 사용한 적립금이 환불된 것을 확인할 수 있으며, 상품 구매 금액을 무통장 입금이 아닌 적립금으로 환불할 시에도 해당 화면에서 그 내역을 확인할 수 있습니다.

03 스마트 마이페이지

스마트 마이페이지는 쇼핑몰 내에서 구매자가 직접 취소와 교환 요청을 할 수 있는 서비스입니다. 이와 더불어 추가 입금이나 환불 방법을 구매자가 직접 선택할 수 있어 편리합니다. 운영자는 고객의 이러한 요청을 확인하고 그에 따른 승인 혹은 거부 절차를 진행할 수 있으며 이는 전화나 문의 게시판으로 응대하는 CS 처리를 어느 정도 대신 할 수 있기 때문에 CS에서 인력적 한계가 있을 때 적절하게 이용할 수 있습니다. 스마트 마이페이지의 적용은 '주문 상세 내역' 화면에서 확인할 수 있으며, 내 쇼핑몰 내에서 해당 화면을 확인 할 수 있는 방법은 두 가지입니다. 첫 번째는 '마이페이지 메인' 화면에서 주문건의 [조회] 버튼을 클릭하는 것이고, 두 번째는 '주문 내역' 화면에서 주문건의 [조회] 버튼을 클릭하는 것입니다. 두 화면의 링크를 모두 변경하여 스마트 마이페이지를 이용하도록 설정합니다.

 스마트 마이페이지 사용하기

01 [개별디자인]을 클릭하여 [디자인 편집하기] 버튼을 클릭합니다.

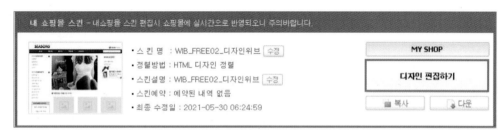

02 디자인 편집 화면에서 중앙 디자인의 [마이페이지] > [마이페이지 메인]을 클릭하여 페이지를 이동합니다.

03 [가상태그 팝업열기] 버튼을 클릭하여 '주문상세'를 입력하고 검색합니다. 그리고 '주문상세 보기 링크'인 '<!--/order_list@link_order/-->'를 복사합니다.

04 디자인 편집 화면으로 돌아와 단축키 'Ctrl + F'를 눌러 브라우저의 찾기 기능을 열고 복사한 가상태그를 붙여넣기 합니다.

05 편집 코드에서 해당 태그가 표시되며 'order' 앞에 스마트 마이페이지로 링크 되도록 'sm'을 추가 작성하고 하단의 [저장] 버튼을 클릭합니다.

06 편집 화면에서 중앙 디자인의 [마이페이지] > [주문 내역]으로 이동하여 같은 방법을 반복하여 수정합니다.

```
<tr>
    <td><div class="tb-center"><!--/order_list@number/--></div></td>
    <td><div class="tb-center"><!--/order_list@order_date/--></div></td>
    <td><div class="tb-left"><!--/order_list@brand_name/--></di      st@is_subs
    <td><div class="tb-center tb-bold"><!--/number/order_li      e/-->원</div
    <td><div class="tb-center"><a href="<!--/order_list@lin nk_smorder"><img src="/
    <td><div class="tb-center"><a href="<!--/order_list@lin nk_delive"><img src="
        </div></td>
</tr>
```

07 이제 마이페이지의 주문 상세 화면에서 스마트 마이페이지를 사용 할 수 있습니다. 내 쇼핑몰의 'mypage'를 클릭하고 주문건의 [조회]를 클릭하면 팝업으로 뜨던 창이 쇼핑몰 화면에 적용 되도록 바뀌었고, 내용중 '결제정보' 아래 쪽에 없었던 [주문 취소] 버튼이 확인 됩니다. 고객이 이를 클릭하여 상품을 취소 신청 할 수 있습니다.

결제정보

결제방법	결제금액	세부내역
사용한 적립금	원	
사용한 예치금	원	
무통장	0원 (미입금)	우리은행 012-3456-78900 (예금주:코지리빙) 강수진

[닫 기]

▶ 스마트 마이페이지 적용 전

결제정보

결제방법	결제금액	세부내역
사용한 적립금	원	
사용한 예치금	원	
무통장	35,800원 (미입금)	우리은행 012-3456-78900 (예금주: 코지리빙) 강수진

[주문취소] [목록]

▶ 스마트 마이페이지 적용 후

스마트 마이페이지 사용 범위 설정

01 [쇼핑몰 구축] > [쇼핑몰 운영기능 설정] > [주문서 2.0관련 설정] 메뉴를 클릭합니다.

02 '스마트 마이페이지 구매자 사용 범위 설정'에서 취소 요청 가능한 처리 단계와 추가환불 수단, 배송지 변경 기능 사용여부를 설정 할 수 있습니다. 기존의 '사용안함' 체크를 해제 하고 원하는 기능을 설정합니다.

03 '스마트 마이페이지 취소/반품/교환 접수 기간 설정'을 '사용함'으로 체크하여 법적으로 청약철회가 가능한 7일로 설정합니다.

04 페이지 하단의 [확인] 버튼을 클릭하고 나면 주문 상세화면에서 각 상품에 '교환', '취소' 버튼이 생성된 것을 볼 수 있습니다. 다만 해당 버튼의 노출은 '스마트 마이페이지 구매자 사용범위 설정'에서 설정한 주문단계에 있을 때만 노출되니 확인을 위해서는 주문건을 해당 주문단계로 설정하여야 다음과 같은 화면을 볼 수 있습니다.

01 2개 이상의 상품을 부분 취소 할 경우 체크 박스를 추가하여 일괄 취소 할 수 있도록 디자인을 변경 할 수 있습니다. 디자인 편집 화면에서 중앙 디자인의 [마이페이지] > [주문상세 내역]을 클릭합니다.

02 찾기 단축키 [Ctrl + F]를 누르고 '주문상품정보'를 검색하여 찾습니다.

03 주문 상품 정보를 노출하는 코드 내에서 <col width="30" />을 입력하여 주문상품 정보 표에 체크박스를 노출할 한 칸의 가로폭을 설정합니다.

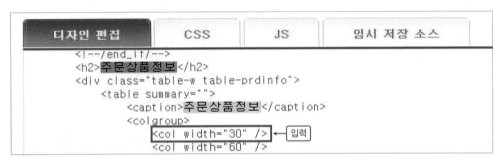

04 표 상단에 전체 체크 할 수 있는 기능의 체크박스 생성을 위해 아래 태그를 입력합니다.

```
<th scope="row"><div class="tb-center"><!--/checkbox_select_all/--></div></th>
```

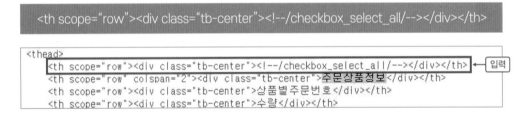

05 '8'을 '9'로 변경하여 입력 칸을 늘려주고, 아래 태그를 입력하여 취소 버튼을 생성합니다.

```
<div class="tb-left">
<!--/link_partly_cancel/-->
</div>
```

```
            <tfoot>
                <td colspan="8">          '9'로 변경
<div class="tb-left">
<!--/link_partly_cancel/-->          입력
</div>
                <div class="tb-right">
                    <!--/number/total_price/-->(상품구매금액)
                    <!--/if_delivery_price/-->
```

06 아래 태그를 입력하여 각 상품의 취소 체크 박스를 생성합니다.

```
<td>
<div class="tb-center">
<!--/order_product@checkbox_item/-->
</div>
</td>
```

```
            <tbody>
            <!--/loop_order_product/-->
                <tr>
<td>
<div class="tb-center">
<!--/order_product@checkbox_item/-->          입력
</div>
</td>
                <td>
                    <div class="tb-center">
                        <!--/if_order_product@image_s/-->
```

07 페이지 하단의 [저장] 버튼을 클릭하고 주문 상세화면을 확인합니다. 각 상품 앞의 체크박스와 함께 [선택상품 취소] 버튼이 생성된 것을 확인할 수 있습니다.

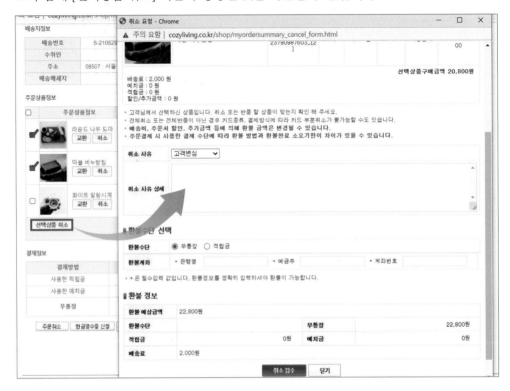

TIP 스마트 마이 페이지 사용 가상태그 안내

스마트 마이페이지 주문상세 보기 링크	`<!--/order_list@link_smorder/-->`
전체 선택 체크박스 추가	`<!--/checkbox_select_all/-->`
선택 상품 취소/반품 버튼 추가	`<!--/link_partly_cancel/-->`
상품별 체크 박스 추가	`<!--/order_product@checkbox_item/-->`

현금영수증 관리

현금영수증에 대해서 소득공제나 세액공제의 혜택을 주는 제도로 건당 1원 이상 현금 결제 시에 영수증 발급이 가능한 제도입니다. 2021년부터 현금영수증 의무 발행 업종이 확대되어 '전자상거래 소매업'을 포함한 10개 업종이 추가되었으므로 이에 유의하여 설정하도록 합니다. 현금영수증 의무발행 사업자는 거래 건당 10만원 이상(부가세 포함) 현금 거래시 소비자가 요구하지 않더라도 현금영수증을 발급하여야 합니다. 거래일로부터 5일 이내에 발급해야 하며 의무 위반 시 과태료가 부과됩니다. 고객이 현금영수증 발급을 원하지 않거나 고객의 인적사항을 모르더라도 국세청 지정번호 010-000-1234로 발급할 수 있습니다.

현금영수증 발행 설정

01 [주문관리] > [현금영수증 관리] > [현금영수증 발행 설정] 메뉴를 클릭합니다.

02 현금영수증 약관에 동의하고 '사업자정보'를 확인 및 설정합니다.

> ■ **현금영수증 약관동의**
>
> 현금영수증서비스 이용약관
>
> 제 1 조 (목적)
> 본 약관은 현금영수증사업자인 주식회사 한국사이버결제(이하 "KCP")가 제공하는 현금영수증서비스를 현금영수…
>
> 제 2 조 (현금영수증서비스 이용계약의 성립)
> 현금영수증서비스 이용계약은 가맹점이 본 약관에 대하여 동의하고 KCP가 제공하는 현금영수증가맹점 신청양식…
>
> 제 3 조 (약관의 효력과 변경)
> KCP는 본 약관을 사전 고지 없이 변경할 수 있으며, 변경된 약관은 당 사이트 내에 공지함으로써 가맹점이 직접 확…
>
> 제 4 조 (약관 외 준칙)
> 본 약관에 명시되지 아니한 사항에 대해서는 전기통신기본법, 전기통신사업법, 소득세법, 부가가치세법, 저작권법…
>
> 제 5 조 (용어의 정의)
> 본 약관에서 사용하는 용어의 정의는 다음과 같다.
> 1. '가맹점'이라 함은 오프라인 또는 온라인 상의 사업장에 설치된 현금영수증발급장치에 의해 구매자의 현금결제…
> 2. '현금영수증'이라 함은 가맹점이 재화 또는 용역을 공급하고 그 대금을 현금으로 받는 경우 당해 재화 또는 용역…
> 3. '현금영수증서비스'라 함은 가맹점의 오프라인 또는 온라인 상의 사업자의 계좌이체거래, 가상계좌거래, 무통장…
>
> ☑ 현금영수증 약관에 동의합니다.

03 '현금영수증 설정'에서 발행 조건과 방법을 설정한 뒤 [확인] 버튼을 클릭합니다.

▪ 현금영수증 설정	

의무발행	○사용안함　○사용함　●조건 사용 (100000 원 이상만 의무발행) ＊ 의무발행 사용 시, 소비자가 현금영수증 발급을 원하지 않아도 국세청 발급번호 010-000-1234로 발급
발급방법	○자동발급(입금확인시)　●자동발급(배송완료시)　○수동발급　○사용안함
자동발급옵션	100000 원 이상만 자동발급 (예, 100,000원 ▶)
결제페이지 발급신청버튼	●노출합니다.　　　○노출하지 않습니다.
결제페이지 기본값	●예　　　○아니요
발급정보 기본값(핸드폰번호)	●미노출(공란)　○주문자 핸드폰번호 노출
마이페이지 신청 기간 제한	입금 확인 일자로부터 무제한▼ 이내에 신청(재발급 포함) 및 수정이 가능합니다. ＊ "당일" 설정 시 하루로 제한되어 주문 시 발행신청 안될 수 있습니다. □현금영수증이 발급된 주문은 재발급 신청을 제한합니다.

👆 확 인

BEE BANK (자동입금확인 비뱅크)

비뱅크는 고객이 쇼핑몰에서 주문한 주문내역과 은행 입금내역을 자동으로 매칭해주는 서비스입니다. 주문자명과 은행, 입금 금액의 정보로 비교 매칭하여 자동으로 입금 확인 해주기 때문에 무통장입금 주문건에 대해 운영자가 일일이 확인하던 불편함을 해소하고, 쇼핑몰 운영에 높은 효율성을 가져다 줍니다.

비뱅크 신청하기

01 [주문관리] > [BEE BANK(자동입금확인)] > [BEE BANK 소개 및 신청] 메뉴를 클릭합니다. 해당 페이지에서 자세한 비뱅크 서비스 내용을 확인할 수 있습니다. 페이지 하단의 [무료 체험 신청(1개월)] 버튼을 클릭하여 한 달간 서비스를 이용해 볼 수 있습니다.

02 서비스 신청 이후 이용하고자 하는 각 은행 사이트에 접속하여 빠른 계좌조회 서비스를 신청합니다. 해당 서비스는 각 은행의 인터넷뱅킹에 가입된 상태여야 신청 가능하니 참고 바랍니다.

조회	이체	공과금	뱅킹관리
제증명발급	계좌관리	이체관리	인터넷 뱅킹관리
연말정산증명서	출금계좌 등록/삭제/순위변경	자주쓰는계좌 등록/삭제	ID조회/사용자암호 재설정
통장사본	계좌비밀번호 신규/변경	단축이체 등록/삭제	인터넷뱅킹 해지
예금잔액증명서	계좌별명등록/변경/삭제	입금계좌 등록/삭제	
예금잔액증명서 영업점 발급 신청	빠른조회 서비스 등록/해지	즉시입금계좌 등록/삭제	
금융거래확인서	전자금융거래 제한계좌등록	장기미사용이체제한 조회/해제	
금융거래확인서 예약내역 조회/발급	KB내맘대로 계좌번호서비스	이체한도 조회/감액	
	자동화기기 이용번호 변경	빠른이체서비스 해지	

03 [주문관리] > [BEE BANK(자동입금확인)] > [BEE BANK 관리] 메뉴를 클릭하고 [비뱅크 계좌관리] 탭으로 이동하여 [계좌등록/확인] 버튼을 클릭합니다.

04 [+계좌등록] 버튼을 클릭합니다.

05 계좌 정보를 입력하고 [계좌 등록] 버튼을 클릭합니다.

06 [비뱅크 계좌관리] 탭에서 추가한 계좌 정보를 확인할 수 있습니다.

PART 4

게시판/메일 관리

게시판에 게시글이 작성된 현황을 보면 쇼핑몰의 활성화 정도를 가늠할 수 있습니다. 질문과 답변 게시글이 얼마나 있는지, 그리고 상품의 리뷰는 얼마나 누적되었는지 고객들이 확인하는데, 이는 쇼핑몰에 대한 신뢰도에 영향을 줍니다. 고객 소통의 주요 공간이 되는 게시판 관리에 대해 알아보고, 공지사항과 이벤트 등의 운영자 전용 게시판 관리, Q&A와 리뷰 등 고객 게시글에 대한 관리, 메일발송 관리로 나누어 게시판의 특성별 설정도 알아보도록 합니다.

관리자 전용 게시판 관리

공지사항 게시판, 이벤트 게시판 등은 관리자 전용 게시글을 작성하며 운영합니다. 또 다른 관리자 전용 게시판으로는 판매 아이템의 특성에 따라 '천연비누 만들기', '오늘의 레시피', '제품 사용 튜토리얼'과 같이 고객에게 다양하고 많은 양의 정보를 게시글 형태로 전달할 때 이용할 수 있습니다.

 ## 관리자 전용 권한

01 [게시판/메일] > [게시판 관리] > [등록한 게시판 관리] 메뉴에서 관리자 전용 게시판인 '공지' 게시판의 [기능] 버튼을 클릭합니다.

02 '공지' 게시판의 경우 고객이 게시글을 작성할 수 없도록 '게시물 쓰기' 권한을 '관리자 전용'으로 변경합니다.

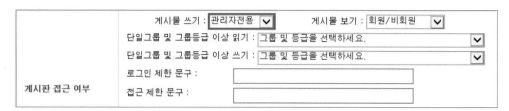

게시글 등록하기

01 [게시판/메일] > [게시판 관리] > [게시글 통합 관리] 메뉴에서 [게시글 등록] 버튼을 클릭
합니다.

02 게시글을 관리하는 팝업이 뜨면 게시판을 [공지] 게시판으로 변경한 뒤 [글쓰기] 버튼을
클릭합니다.

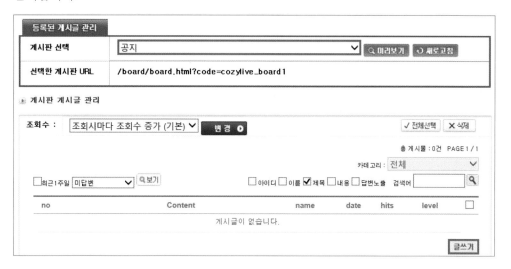

03 제목과 내용을 입력하여 공지사항을 작성하고 아래 [입력] 버튼을 클릭합니다.

04 내 쇼핑몰에서 등록된 공지글을 확인할 수 있습니다.

게시글 응대

Q&A와 리뷰는 쇼핑몰에서의 필수 게시판입니다. Q&A 게시판의 경우 고객이 작성한 질문에 대한 대답을 관리자가 '답변글'로 작성하고, 리뷰에 대한 응대는 코멘트식의 '댓글'로 작성합니다. 이와 더불어 리뷰 게시판에서는 작성 이벤트를 통하여 고객에게 적립금을 지급하기도 합니다.

 Q&A게시판

01 [게시판/메일] > [게시판 관리] > [게시판 게시글 관리] 메뉴를 클릭하고, 'Q&A' 게시판을 선택합니다.

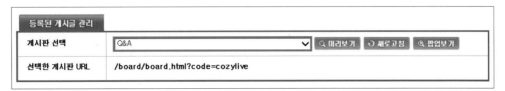

02 고객들의 문의 목록을 확인할 수 있고, 답변 응대를 할 게시글 제목을 클릭합니다.

03 게시글 내용을 확인하고 [답변] 버튼을 클릭합니다.

제 목: **[블랙 중형 화분] 사이즈 문의** [진열상품 바로가기 ▶]

2021/03/15 (07:11) From:182.230.227.13

링크: [이동] [복사]

작성자: 강수진 (choonjum88@naver.com) / choonjum88 [CRM] 🔒
☎ : 010-4532-4881

비밀번호: [변경]   조회:0

                                              41 byte (한글 20 자)

아래 지름과 윗지름이 각각 어떻게 되나요??

[수정] [삭제] [쓰기] [답변]   [프린트] [목록]

04 답변을 작성합니다.

선 택 (자동잠금기능) ☐게시글 미진열 ☑답변 사용 ☐코멘트 사용 **답변 양식선택** ☐비밀댓글

닉네임 [코지리빙]

이메일 [help@cozyliving.co.kr]   * email을 쓰시면 답변이 메일로 갑니다.

제 목 Re:[사이즈 문의]   ☐HTML태그 허용

[제목색상 ∨][제목크기 ∨]☐굵게 ☐제목고정(게시글 등록 시 입력한 제목으로 고정)

안녕하세요 코지리빙입니다.

화분의 윗지름은 17.5cm이고 아랫 지름은 15.5cm입니다.

오늘도 코지리빙을 이용해 주셔서 감사합니다.

_____

아래 지름과 윗지름이 각각 어떻게 되나요??

내 용

[입력] [목록]

05 아래 있는 설정은 필수는 아니지만 SMS 충전 후 이용할 수 있는 기능으로, 답변이 작성될 때 고객에게 문자 알람을 해주는 편리한 기능입니다. 문의 답변에 대한 중요도가 큰 서비스 업종에서는 필수로 설정하기를 권장합니다. [입력] 버튼을 클릭하여 답변 작성을 완료합니다.

답변전송방법	☑SMS 전송 sms 전송 체크하시면 답변 내용이 고객에게 sms로 전송됩니다. ☐수신거부회원포함 수신거부회원에게도 답변SMS가 전송됩니다. (관리자 로그인아이디별 설정)
모바일샵 URL	☐체크하시면 발송되는 sms내용에 게시판URL이 전송되어 쉽게 확인가능합니다. (단 sms건수 3건 차감)
SMS 전송	[NAME]님! 질문하신 내용에 대한 답변이 등록되었습니다. [cozy living] ☐ 광고성 정보 ☐ 무료수신거부 66byte / 2000byte(LMS발송) 발송시 수정하셔서 발송가능하며, 발송시 저장되어 다음번 발송시 기본값으로 입력됩니다. * SMS머니가 충전되어 있어야 사용이 가능합니다. * 가상태그를 사용할 경우, 가상태그 치환으로 용량이 늘어나 메시지 내용이 잘려서 발송될 수 있으니 치환되는 메시지 용량을 고려하여 발송하시기 바랍니다. * 광고성정보 메시지는 21시~8시까지 발송이 제한됩니다. (정보통신망법 제50조 제3항) * 광고성 정보를 포함하여 발송하는 경우, 메시지 시작 부분에 "(광고)"를 표시해야 하며, 마지막에 무료수신거부 번호가 명시되어야 합니다. 자세히보기 ▶ * 스팸으로 등록된 번호와 수신거부회원은 발송이 제한됩니다. * 광고성 키워드가 메시지에 포함되었을 경우, 광고성 정보 체크 후 메시지를 발송하시기 바랍니다. -> 광고성 키워드 : 할인, 쿠폰, SALE, %, 세일, 무료, URL, EVENT, 이벤트, 증정, 혜택, 득템, OPEN, 오픈 * 90byte로 발송 시, SMS 1건 용량을 80byte까지 지원하는 일부 휴대폰 단말기에서는 메시지 내용이 모두 전달되지 않을 수도 있습니다.

06 쇼핑몰의 게시판에서 답변이 작성된 것을 확인합니다.

[Q&A]

No.			Content	Name	Date	Hits
				○ 이름 ● 제목 ○ 내용		
3	🔒	[블랙 중형 화분] 사이즈 문의		강수진	2021/03/15	1
2		[블랙 중형 화분] 사이즈 문의			2021/03/15	0
1	🔒	배송문의		강수진	2021/03/15	0

TIP **비밀번호 입력 없이 잠금글 답변 확인하기**

[Q&A]

비밀번호 |

확인 | 취소 | 목록

잠금글의 답변을 보기 위해 클릭했을 때, 비밀번호를 입력하는 화면이 보입니다. 그러나 잠금글을 작성한 ID로 고객이 로그인 중일 때는 게시글에 대한 비밀번호 없이 바로 글이 보이도록 설정할 수 있습니다.

❶ [등록한 게시판 설정] 메뉴에서 해당 게시판의 [기능] 버튼을 클릭합니다.

❷ 기능 수정 메뉴에서 '보기화면 설정'을 [열기] 합니다.

[Q&A 게시판] 보기 화면 설정 📖 메뉴설명 열기 ▼

게시판 보기 화면에 나타나는 기능들을 설정하실 수 있습니다.

❸ '잠금 게시글 바로보기' 설정을 '사용함'으로 체크하고 [설정] 버튼을 클릭합니다.

잠금 게시글 바로보기	☑사용함 ○사용하지 않음 회원 자신이 작성한 게시글은 로그인후 비밀번호 확인 없이 볼 수 있도록설정할 수 있습니다. 구 디자인은 지원하지않습니다. 사용함으로설정 후 회원 본인이 작성한 글 삭제시 비밀번호 입력없이 바로 삭제됩니다.

TIP 자동입력 방지 프로그램 끄기

자동입력 방지 프로그램은 쇼핑몰 게시판에 글을 작성할 때 인증키를 작성하도록 합니다. 이는 스팸로봇이 무작위로 스팸을 등록하는 것을 원천 차단할 수 있는 것으로 쇼핑몰 오픈 전, 메이크 샵에서 무료 제공하는 도메인으로는 이를 필수 사용하도록 되어 있고 해제할 수 없습니다. 하지만 도메인을 세팅하고 나서는 해당 기능을 해제하고 사용할 수 있습니다. 고객이 글 작성 시 한 단계를 더 거쳐야 하기에, 접근성이 떨어진다고 판단되면 스팸방지 기능을 삭제하여 운영하기도 합니다.

❶ [쇼핑몰 구축] > [쇼핑몰 관리기능 설정] > [스팸글 등록 방지 기능] 메뉴에서 '스팸 방지 기능 사용 안함'에 체크하고, 아래 [저장] 버튼을 클릭하여 저장합니다.

01 [게시판/메일] > [게시판 관리] > [게시판 게시글 관리] 메뉴로 이동합니다. '후기' 게시판을 선택하고 게시글 제목을 클릭합니다.

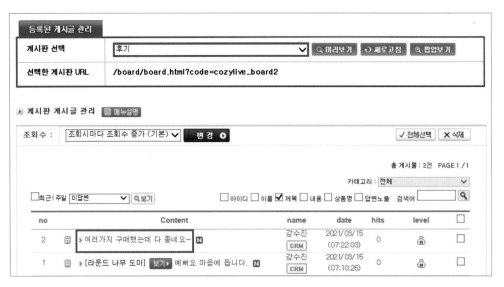

02 '후기' 게시판에서는 고객의 후기 작성을 유도하기 위해 작성시 적립금을 지급하는 이벤트를 하기도 합니다. 이 때에 주황색의 🛍 버튼을 클릭하여 적립금을 지급할 수 있습니다.

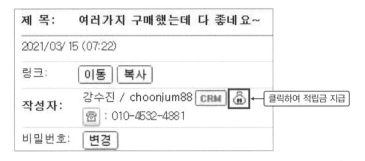

03 금액과 지급 사유를 작성하고 [지급하기] 버튼을 클릭합니다.

04 적립금 지급이 완료되고 나면 지급 전과의 구분을 위해 아이콘 색상이 파랗게 바뀝니다.

05 아래 댓글(코멘트)을 작성합니다. 후기에는 별도의 코멘트를 생략하기도 하지만 적립금 지급 이벤트 때는 고객에게 해당 내용을 알리는 댓글 작성을 권장합니다. [입력] 버튼을 클릭하여 작성을 완료합니다.

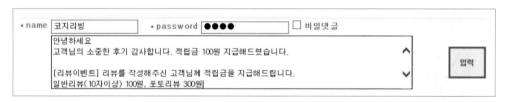

06 내 쇼핑몰로 이동하여 리뷰 게시글에 답변이 달린 것을 확인합니다.

TIP **게시판 목록 화면에 상품 이미지 노출하기**

- -

게시판의 글은 두가지 방법으로 작성할 수 있습니다. 게시판에서 글쓰기 버튼을 클릭하여 작성할 수도 있고, 특정 상품의 상세페이지 내에서 해당 상품에 대한 문의나 후기글을 남길 수도 있습니다. 특정 상품에 대한 글을 작성했을 때는 게시판 목록 화면에 어떤 상품에 대한 게시글인지 상품명으로 표시 됩니다. 이와 더불어 상품명 옆에 상품 이미지도 함께 노출된다면 어떤 상품에 대한 글인지 더욱 직관적으로 식별할 수 있는 편리함이 있습니다.

❶ [게시판/메일] > [게시판 관리] > [등록한 게시판 관리] 메뉴를 클릭하고 수정을 원하는 게시판의 [기능] 버튼을 클릭합니다.

❷ '개별상품 문의 기능/상품리뷰 게시판기능 게시판 연결' 설정에서 '리스트 상품 이미지'를 '노출함'으로 체크합니다.

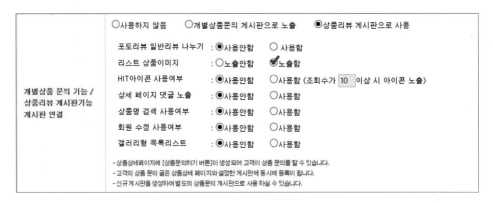

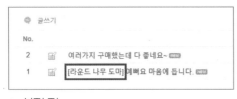

▶ 설정 전

▶ 설정 후

03 메일 관리

개인 이메일 주소를 사용하지 않고, 도메인에 속하는 회사 공식 이메일 주소를 신청하여 사용하는 메뉴입니다. '계정아이디@도메인'의 형태로 신청하고, 계정 아이디는 메일의 쓰임에 따라 'help, no_reply, contact, 쇼핑몰명, webmaster, newsletter, mail' 등으로 신청하기도 합니다. 개인 메일과는 다르게 광고성 정보 수신 동의를 위한 메일 발송이나 광고수신 비동의 계정은 자동으로 제외하는 등 관리에 편리한 메뉴를 이용할 수 있습니다.

 웹메일 신청하기

01 [게시판/메일] > [메일(웹메일) 관리] > [MS 아웃룩 메일 설정하기] 메뉴로 들어와서 [메일 신청하기] 버튼을 클릭합니다.

02 신청할 메일 계정을 입력하고 [신청] 버튼을 클릭합니다.

03 신청 승인이 완료되면 해당 메뉴에서 다음과 같이 메일서버와 계정을 확인할 수 있고, 계정의 비밀번호를 설정할 수 있는 메뉴 위치가 안내됩니다.

아웃룩 계정 안내	
메일 서버	mail.cozyliving.co.kr
메일 ID	help@cozyliving.co.kr
메일 PASSWORD	고객 메일 수신하기 메뉴에서 확인 및 설정가능
메일 주소	help@cozyliving.co.kr

04 [게시판/메일] > [메일(웹메일) 관리] > [고객 메일 수신하기] 메뉴를 클릭합니다. 처음 설정할 때 [+메일계정 생성]을 클릭하고 비밀번호를 입력하는데, 추후 비밀번호 변경은 [정보 변경]을 클릭하여 할 수 있습니다.

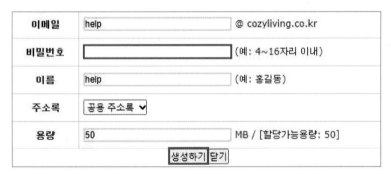

05 첫 계정에 대한 비밀번호를 입력하고 [생성하기] 버튼을 클릭합니다.

이메일	help	@ cozyliving.co.kr
비밀번호		(예: 4~16자리 이내)
이름	help	(예: 홍길동)
주소록	공용 주소록	
용량	50	MB / [할당가능용량: 50]

생성하기 닫기

06 [게시판/메일] > [메일(웹메일) 관리] > [광고성 정보 수신 재동의 설정] 메뉴로 이동합니다. 웹메일에 대한 최초 설정일 경우 '게시판/메일'의 메뉴 접속 시 해당 팝업을 확인할 수 있습니다. 법령 준수를 위한 광고 수신 재동의 설정 안내가 나오고 [웹메일로 사용] 버튼을 클릭합니다. 현재 설정중인 메일은 '웹메일'에 해당하며 '플러스메일'은 대량메일 발송이 가능한 부가 기능입니다.

07 해당 메뉴에서 '사용함'에 체크하고 메일에 대해 설정한 뒤 [저장] 버튼을 클릭합니다.

사용 설정	✓사용함 ○ 사용안함
자동 발송 날짜	매 달 25 ▼ 일
보내는 사람 메일주소	help@cozyliving.co.kr
보내는 사람 이름	cozy living
제목	[NAME]님! 광고성 정보 수신 재동의 확인 메일 입니다. □ 광고성 정보 *영리목적의 광고성 정보 메일을 발송하는 경우, 제목 시작부분에 "(광고)"를 표시하여야 합니다.
발송자 정보 ?	● 사용함(필수) ○ 사용안함 cozy living (help@cozyliving.co.kr) 서울시 금천구 가산디지털1로 168 02-111-1111 *전송자정보가 포함되지 않아 발생된 문제에 대해서는 메이크샵에서 책임지지 않습니다. * '쇼핑몰구축 > 쇼핑몰 기본정보 설정 > 쇼핑몰명 / 고객응대관련정보'에 입력된 내용으로 표시됩니다. (발송 예약 시점의 정보) *메일내용을 HTML 개별디자인하여 메일 내용에 발송자정보를 넣으신 경우에는 '사용안함'으로 체크하시면 됩니다.

08 대용량 메일발송이 필요하다면 [게시판/메일] > [플러스 메일 서비스] > [플러스 메일 소개] 메뉴로 이동하여 서비스를 확인할 수 있습니다. 서비스 소개와 함께 비용이 안내되어 있으니 필요하다면 신청해서 이용하기 바랍니다.

01 [게시판/메일] > [메일(웹메일) 관리] > [전체 고객 메일 발송하기] 메뉴를 클릭하여 단체 메일을 발송할 수 있습니다. '그룹선택'에서 전체 회원 또는 특정 그룹의 회원에게만 메일을 발송할 수도 있습니다. 예약 발송도 가능하니 메일이 고객에게 발송될 날짜를 미리 지정하여 작성합니다.

02 아래 내용을 작성할 때에는 블로그에 글을 작성하듯 에디팅 도구를 이용하여 작성할 수 있습니다. 또한 이미지를 이메일 내용에 등록하고 싶을 때는 '마이FTP'에 미리 업로드 후 [이미지] 버튼을 클릭하여 선택할 수 있습니다. 또한 코드 작성이 익숙한 경우는 'HTML'에 체크하여 코드로 단체메일 내용을 작성할 수도 있습니다. 작성을 마치고 아래 [메일 보내기]를 클릭하면 완료됩니다.

03 고객의 메일을 수신할 때에는 [게시판/메일] > [메일(웹메일) 관리] > [고객메일 수신하기] 메뉴로 이동합니다. 메일 팝업이 열리고 왼쪽의 [받은 편지함]에서 메일을 확인 할 수 있습니다.

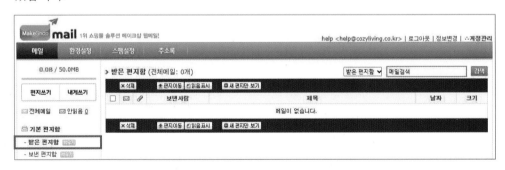

MAKESHOP

M

PART 5

상품관리

쇼핑몰에 판매하는 상품의 운영관리 설정에 대해 알아봅니다. 단순한 상품 등록 이외에 외부의 요청이나 내부의 전략 등에 따라 각 상품에 적용해야 할 사항이 생길 수 있습니다. 이에 대해 빠르고 유연하게 대처 할 수 있는 관리 메뉴를 중점으로 살펴보도록 하겠습니다.

01 상품 기본 관리

판매하는 아이템의 특성에 따라 업데이트 주기가 달라집니다. 계절에 맞춰 상품이 바뀌기 때문에 업데이트 주기가 비교적 짧은 의류, 그리고 신선식품 등의 상품은 일정한 업로드 날짜를 두고 운영하는 경우가 많습니다. 이 때에 상품 노출 예약기능을 이용하면 업로드 상품을 미리 준비하여 설정할 수 있는 편리함이 있습니다. 그리고 추가로 상품 할인, 추천 상품 등의 설정과 운영에 필요한 기능을 알아보고, 또 판매 촉진을 위한 기능도 설정해 봅니다.

상품 노출 예약하기

01 [상품관리] > [판매상품 기본관리] > [상품 노출/미노출 예약] 메뉴를 클릭합니다. 예약할 상품군의 제목을 작성하고 예약 날짜와 시간을 설정합니다. '노출'에 체크하고 [예약등록]을 클릭합니다.

02 아래 쪽으로 예약 목록이 생성된 것을 확인할 수 있습니다. 예약 시간과 노출 여부를 확인하고 수정 혹은 삭제를 할 수 있습니다.

	제목 / 예약시간	노출 / 미노출	비고
5	예약 2021-03-16 12:00:00	노출	상품목록
4	테스트 2021-02-08 08:00:00	노출	상품목록
2	2월 2주차 업로드 2021-02-09 10:00:00	노출	상품목록
1	123 2021-02-02 00:00:00	노출	상품목록

03 상품 등록을 위해 [상품관리] > [판매상품 기본관리] > [판매상품 신규등록] 메뉴로 이동합니다. 기존 상품등록 방법대로 입력을 하는데 예약 노출 시에는 두가지 설정을 더 해야합니다. 당장에는 상품이 미노출 상태여야 하므로 '상품 노출여부'를 '노출안함'으로 체크하고, '노출/미노출 예약' 설정의 해당 노출건에 체크합니다. 아래 다른 설정을 마친 뒤 상품을 등록합니다.

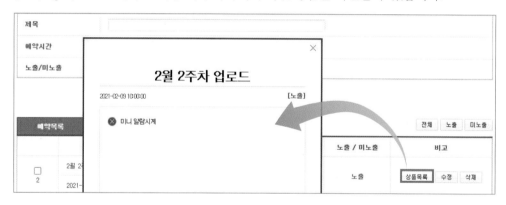

04 다시 [상품관리] > [판매상품 기본관리] > [상품 노출/미노출 예약] 메뉴로 이동하여 [상품 목록] 버튼을 클릭하면 해당 예약 목록에 추가된 상품을 확인할 수 있습니다.

05 예약 날짜와 시간이 되면 설정을 했던 대로 내 쇼핑몰에 상품이 노출됩니다.

01 [상품관리] > [판매상품 기본관리] > [상품 기간할인 설정] 메뉴로 이동합니다. 신상품 할인을 위해 '할인타입'을 설정하고 제목을 작성합니다. 신상품에 대한 할인이기 때문에 기간은 등록 시점으로부터 몇 일 이내로 설정합니다.

할인 타입	☑신상품 할인 ○ 기간 할인 ○ 리바이 할인
제목	신상품할인 5%
기간	상품 [등록시점 ▼]에서 [3] [일 ▼]

02 '할인방식'에 할인 금액을 설정합니다. '%'로 설정 시 금액의 끝자리 정리를 위해 특정 단위 이하를 절사합니다. [설정] 버튼을 클릭하면 할인이 설정됩니다.

할인방식	[5] [%▼] 할인 ○절사안함 ○ 원단위 ☑십원단위 ○ 백원단위 [절사 ▼] 절사의 경우 최종 결제몰 금액이 아닌 실제 할인되는 금액에서 절사됩니다.

03 스크롤을 내리면 아래쪽에서 등록된 할인 목록을 확인할 수 있습니다.

04 할인을 상품에 적용할 때에는 상품 등록 화면이나 수정 화면에서 '기간할인' 항목의 '사용'에 체크하고 등록된 할인 목록 중 원하는 할인에 체크하여 적용할 수 있습니다.

기간할인	☑ 사용 ○ 사용안함 ☑ 버전별 전체 ☑ 신상품할인 5% * 버전 전체 기간할인 선택시, 해당 상품에 웹/모바일 전용 기간할인을 선택할 수 없습니다. * 웹/모바일 전용 기간할인 날짜가 겹칠 수 있습니다. 겹칠 경우, 웹은 웹 기간할인이, 모바일은 모바일 기간할인이 각각 적용됩니다.

<u>05</u> 내 쇼핑몰 메인 페이지에서 기간 할인이 적용된 것을 확인할 수 있습니다.

베이직 화이트 머그
~~9,500원~~ → 9,100[5%↓]원

TIP **할인 노출하기**

할인을 적용하고 나면 쇼핑몰의 메인 페이지, 분류 페이지, 상품 상세페이지에 모두 할인 내용이 적용되어 노출되어야 합니다. 하지만 간혹 적용한 디자인 스킨에 따라 노출이 되지 않는 경우가 있는데, 이 때는 코드 수정을 통하여 할인을 노출할 수 있습니다. 여기에서는 메인 페이지에 적용된 할인 내용을 그대로 분류 페이지와 상세 페이지에 복사하여 적용해 보도록 하겠습니다.

<분류페이지 할인 노출>

❶ [개별디자인] > [디자인 스킨 관리] 메뉴에 와서 [디자인 편집하기] 메뉴를 클릭합니다.

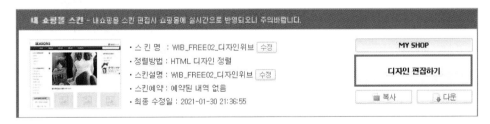

❷ 편집 화면에서 중앙디자인 부분의 [메인] > [메인] 메뉴를 클릭합니다. 상품 할인 부분을 찾기 위해 [Ctrl+F] 단축키를 눌러 찾기 화면을 열고 'discount' 키워드를 검색합니다.

검색 키워드 입력

❸ 기간할인 관련 부분인 **<!--/if_new_product@is_term_discount/--> ~ <!--/ end_if/-->**를 복사합니다.

```
<ul>
    <li class="prd-name"><!--/new_product@icons/--> <!--/notag/new_product@name(20)/--></li>
                            <!--/if_new_product@price_replace/-->
                            <li class="prd-price"><!--/new_product@price_replace/--></li>
                        <!--/else/-->
                        <!--/if_new_product@is_term_discount/-->
    <li class="prd-price">
                        <span><strike><!--/number/new_product@price_sell/-->원</strike>→</span>
                        <!--/number/new_product@price_discount/--><span class="prod_dis_info">[<!--/new_product@discount_info/-->↓]</span>원
    </li>
    <!--/else/-->
    <li class="prd-price">
                        <!--/if_new_product@price_consumer(+1)/-->
                        <span><strike><!--/number/new_product@price_consumer/-->원</strike> → </span>
                        <!--/end_if/-->
                        <!--/number/new_product@price_sell/-->원
    </li>
    <!--/end_if/-->
                    <!--/end_if/-->
</ul>
```

복사하기

❹ 편집 화면에서 중앙디자인 부분의 [상품관련] > [상품 분류 페이지] > [상품 분류 페이지] 메뉴를 클릭합니다. 상품 가격 부분을 찾기 위해 [Ctrl+F] 단축키를 눌러 찾기 화면을 열고 'price' 키워드를 검색합니다. 베스트상품, 분류 추천, 분류상품 부분 세 군데에서 해당 키워드가 검색 됩니다.

검색 하기

❺ 우선 베스트 상품 부분의 기존 가격정보가 있는 부분을 삭제하고 복사해 온 코드를 붙여넣기 합니다.

```
<ul>
    <!--/if_best_product@color/-->
    <li class="prd-color">
        <!--/loop_best_product@color/-->
        <span style="color: #<!--/best_product@color@code/-->">■</span>
        <!--/end_loop/-->
    </li>
    <!--/end_if/-->
    <li class="prd-name"><!--/best_product@icons/--> <!--/best_product@name(30)/--> <!--/best_product@btn_option_preview/--></li>
    <li class="prd-price">
    <!--/if_best_product@price_consumer(+1)/-->
    <span><strike><!--/number/best_product@price_consumer/-->원</strike> → </span>
    <!--/end_if/-->
    <!--/number/best_product@price_sell/-->원
    </li>
</ul>
```

코드 삭제 후 복사한 태그 붙여넣기

❻ 붙여넣기 한 코드 중에서 신상품에 해당하는 키워드 'new'를 모두 베스트 부분에 알맞게 'best'로 수정합니다.

```
<!--/if_best_product@is_term_discount/-->
<li class="prd-price">
<span><strike><!--/number/best_product@price_sell/-->원</strike>→</span>
<!--/number/best_product@price_discount/--><span class="prod_dis_info">[<!--/best_product@discount_info/-->↓]</span>원
</li>
<!--/else/-->
<li class="prd-price">
<!--/if_best_product@price_consumer(+1)/-->
<span><strike><!--/number/best_product@price_consumer/-->원</strike> → </span>
<!--/end_if/-->
<!--/number/best_product@price_sell/-->원
</li>
<!--/end_if/-->
```

❼ 분류 추천 부분에서도 가격정보를 삭제하고, 이전에 복사해 온 코드를 붙여넣기 한 뒤 'new'
를 모두 분류추천에 알맞게 'recmd'로 수정합니다.

```
<ul>
    <!--/if_recmd_product@color/-->
    <li class="prd-color">
        <!--/loop_recmd_product@color/-->
        <span style="color: #<!--/recmd_product@color@code/-->">■</span>
        <!--/end_loop/-->
    </li>
    <!--/end_if/-->
    <li class="prd-name"><!--/recmd_product@icons/--> <!--/recmd_product@name(30)/--> <!--/recmd_product@btn_option_preview/--></li>
    <li class="prd-price">
    <!--/if_recmd_product@price_consumer(+1)/-->
    <span><strike><!--/number/recmd_product@price_consumer/-->원</strike> → </span>    ←  기존 코드
    <!--/end_if/-->                                                                                   삭제
    <!--/number/recmd_product@price_sell/-->원
    </li>
</ul>
```
▶ 변경 전

```
<!--/if_recmd_product@is_term_discount/-->
<li class="prd-price">
<span><strike><!--/number/recmd_product@price_sell/-->원</strike>→</span>
<!--/number/recmd_product@price_discount/--><span class="prod_dis_info">[<!--/recmd_product@discount_info/-->↓]</span>원
</li>
<!--/else/-->                                                                      붙여넣기 후
<li class="prd-price">                                                             부분 수정
<!--/if_recmd_product@price_consumer(+1)/-->
<span><strike><!--/number/recmd_product@price_consumer/-->원</strike> → </span>
<!--/end_if/-->
<!--/number/recmd_product@price_sell/-->원
</li>
<!--/end_if/-->
```
▶ 변경 후

❽ 분류상품 부분의 가격 정보를 삭제하고, 붙여넣기 한 뒤 분류추천에 맞게 'new_product'
의 'new_'를 삭제하여 수정합니다. 수정을 마치면 [저장] 버튼을 클릭하여 완료합니다.

```
<ul>
    <!--/if_product@color/-->
    <li class="prd-color">
        <!--/loop_product@color/-->
        <span style="color: #<!--/product@color@code/-->">■</span>
        <!--/end_loop/-->
    </li>
    <!--/end_if/-->
    <li class="prd-name"><!--/product@icons/--> <!--/product@name(30)/--> <!--/product@btn_option_preview/--></li>
    <li class="prd-price">
    <!--/if_product@price_consumer(+1)/-->
    <span><strike><!--/number/product@price_consumer/-->원</strike> → </span>    ←  기존 코드
    <!--/end_if/-->                                                                            삭제
    <!--/number/product@price_sell/-->원
    </li>
</ul>
```
▶ 변경 전

```
<!--/if_product@is_term_discount/-->
<li class="prd-price">
<span><strike><!--/number/product@price_sell/-->원</strike>→</span>
<!--/number/product@price_discount/--><span class="prod_dis_info">[<!--/product@discount_info/-->↓]</span>원
</li>
<!--/else/-->                                                                  붙여넣기 후
<li class="prd-price">                                                         'new_'를
<!--/if_product@price_consumer(+1)/-->                                         모두 삭제
<span><strike><!--/number/product@price_consumer/-->원</strike> → </span>
<!--/end_if/-->
<!--/number/product@price_sell/-->원
</li>
<!--/end_if/-->
```
▶ 변경 후

⑨ 쇼핑몰의 분류 화면에서 적용된 할인 가격을 확인할 수 있습니다.

<상품 상세페이지 할인 노출 - CASE 1>

❶ 편집 화면에서 중앙 디자인의 [상품관련] > [상품 상세페이지] > [상품 상세페이지] 메뉴를 클릭합니다. [Ctrl+F] 단축키를 눌러 '판매가격' 키워드로 찾고 판매 가격에 대한 정보 부분의 코드를 복사합니다.

```
<tr>
    <th scope="row"><div class="tb-left">판매가격</div></th>
    <td class="price">
        <div class="tb-left">
            <!--/if_price_replace/-->
                <!--/price_replace/-->
            <!--/else/-->
                <!--/number/price_sell/-->원
            <!--/end_if/-->
        </div>
    </td>
</tr>
```

복사하기 →

❷ 복사한 코드를 판매 가격 정보 바로 아래에 붙여넣기 하여 다음과 같이 수정합니다.

```
<tr>
    <th scope="row"><div class="tb-left">판매가격</div></th>
    <td class="price">
        <div class="tb-left">
            <!--/if_price_replace/-->
                <!--/price_replace/-->
            <!--/else/-->
                <!--/number/price_sell/-->원
            <!--/end_if/-->
        </div>
    </td>
```

```
<tr>
    <th scope="row"><div class="tb-left">판매가격</div></th>
    <td class="price">
        <div class="tb-left">
            <!--/if_price_replace/-->
                <!--/price_replace/-->
            <!--/else/-->
                <!--/number/price_sell/-->원
            <!--/end_if/-->
        </div>
    </td>
</tr>
```

코드 수정할 부분

▶ 코드 붙여넣기

```
<tr>
    <th scope="row"><div class="tb-left">판매가격</div></th>
    <td class="price">
        <div class="tb-left">
            <!--/if_price_replace/-->
                <!--/price_replace/-->
            <!--/else/-->
                <!--/number/price_sell/-->원
            <!--/end_if/-->
        </div>
    </td>
</tr>

|
<tr>
    <th scope="row"><div class="tb-left">할인가격</div></th>
    <td class="price">
        <div class="tb-left">
            <!--/dc_price_sell/-->원(<!--/dc_text/-->할인<!--/dc_period/-->남음)
        </div>
    </td>
</tr>
```

▶ 코드 수정하기

❸ 저장 후 내 쇼핑몰 상품 상세페이지에서 확인합니다.

<상품 상세페이지 할인 노출 - CASE 2>

❶ 편집 화면에서 중앙 디자인의 [상품관련] > [상품 상세페이지] > [상품 상세페이지] 메뉴를 클릭합니다. [Ctrl+F] 단축키를 눌러 '판매가격' 키워드로 가격 정보를 찾습니다.

```
<tr>
    <th scope="row"><div class="tb-left">판매가격</div></th>
    <td class="price">
        <div class="tb-left">
            <!--/if_price_replace/-->
                <!--/price_replace/-->
            <!--/else/-->
                <!--/number/price_sell/-->원
            <!--/end_if/-->
        </div>
    </td>
</tr>
```

❷ 편집 화면 상단의 [개별디자인 TIP보기] 버튼을 클릭하여 '기간할인' 키워드를 검색합니다. 리스트 하단의 '기간할인 가격/ 정보 노출 방법' 게시글을 클릭합니다.

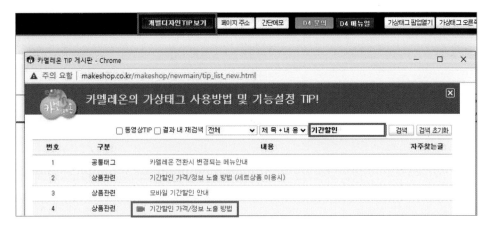

❸ 상세페이지 수정 방법을 확인하고, '기간할인 추가된 변경소스'를 드래그하여 복사합니다.

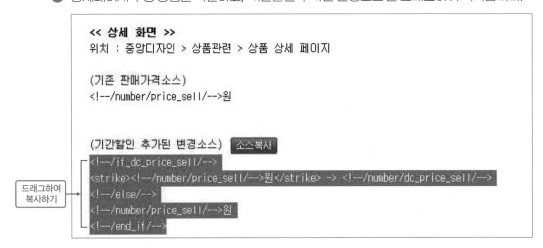

❹ 기존 판매가격 소스의 '**<!--/number/price_sell/-->원**' 부분을 삭제하고 복사한 소스를 붙여넣기합니다.

```
<tr>
    <th scope="row"><div class="tb-left">판매가격</div></th>
    <td class="price">
        <div class="tb-left">
            <!--/if_price_replace/-->
                <!--/price_replace/-->
            <!--/else/-->
            <!--/if_dc_price_sell/-->
                <strike><!--/number/price_sell/-->원</strike> -> <!--/number/dc_price_sell/-->
            <!--/else/-->
            <!--/number/price_sell/-->원
            <!--/end_if/-->
            <!--/end_if/-->
        </div>
    </td>
</tr>
```

❺ 하단의 [저장] 버튼을 클릭하여 저장한 후 내 쇼핑몰의 상세페이지에서 할인 가격을 확인합니다.

베이직 화이트 머그

판매가격	~~9,500원~~ -> 9,100

베이직 화이트 머그	1 ⬍	9,100원
	총 상품 금액	9,100 원

구매하기　　장바구니　　보관함

01 [상품관리] > [상품별 추천(관련) 상품관리] > [추천(관련)상품 검색/등록] 메뉴를 클릭합니다. '우드 원형 벽시계' 상품에 추천상품을 등록하기 위해 '대분류'에서 상품의 분류를 클릭합니다.

02 대분류 선택 후 스크롤바를 내리며 상품이 등록된 중분류와 소분류를 각각 선택하고 '개별상품'에서 '우드 원형 벽시계' 상품명을 클릭합니다.

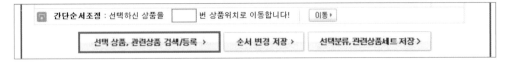

03 스크롤을 가장 아래로 내려 '개별상품' 부분에 있는 [선택 상품, 관련상품 검색/등록] 버튼을 클릭합니다.

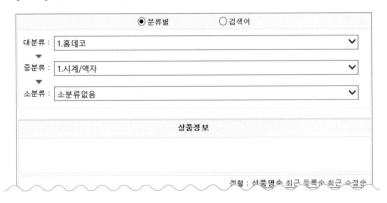

04 추천상품 검색/등록 팝업이 뜨면 선택 상품에 추천할 상품을 고릅니다. 상품명을 클릭하고 [추천(관련)상품 등록] 버튼을 클릭합니다. 추천할 상품을 모두 동일한 방법으로 담고 [저장] 버튼을 클릭하여 적용 완료합니다.

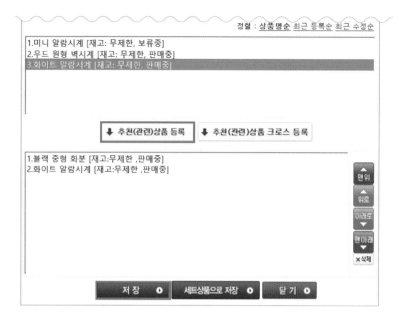

05 쇼핑몰에서 해당 상품의 상세페이지 하단에 추가한 추천상품을 확인할 수 있습니다. 상품 수량 디자인이 밀린 상태로 나오는데 다음 과정에서 수정 방법을 알아보도록 하겠습니다.

추천(관련)상품 디자인 수정하기 – <수량 버튼> 편

01 디자인 편집 화면에서 [상품관련] > [상품 상세 페이지] > [기본 상세 페이지] 메뉴를 클릭합니다. CSS 패널에서 코드 하이라이트에 체크하고 90번재 줄 #productDetail .prd-list .prd-amount .btns 부분의 float을 'left'에서 'right'로 수정합니다.

```
89 #productDetail .prd-list .prd-amount .txt-spin,
90 #productDetail .prd-list .prd-amount .btns { float: right; }
```

left → right 수정

02 CSS 패널에 다음의 코드를 추가합니다(수량 박스 크기를 조절).

```
.MS_related_quantity { width:30px; }
```

03 수정된 수량 버튼을 확인합니다.

▶ 수정 전

▶ 수정 후

상품 일괄관리

상품 관리는 각 상품을 선택하여 설정하기도 하지만 일괄 관리 메뉴를 이용하면 여러 상품을 한 번에 설정할 수 있어 편리합니다.

 상품 일괄 이동/복사/삭제

01 [상품관리] > [등록상품 일괄관리] > [등록상품 이동/복사/삭제] 메뉴를 클릭합니다. '검색 조건'에서 이동/복사/삭제를 원하는 상품의 분류를 선택하여 [검색] 버튼을 클릭하고 수정할 상품을 불러옵니다.

02 아래 쪽으로 상품 리스트가 나오면 수정할 상품에 체크합니다.

03 '등록 상품 일괄 관리'의 '처리 선택'에서 '복사/이동/삭제' 중 원하는 것을 선택합니다. 삭제는 더 이상 상품을 판매하지 않아 정보 전체를 삭제하고자 할 때 이용하며 '삭제' 선택 후 바로 [저장] 버튼을 클릭합니다.

04 복사는 상품 정보가 그대로 복사되어 원하는 분류에 진열되고, 이후 두 상품은 완전히 다른 상품으로 관리할 수 있습니다. 이동은 분류 오류나 분류 재정비가 필요할 때 상품을 다른 분류로 옮길 수 있습니다. 복사 및 이동 시에는 분류와 진열에 대한 정보도 함께 설정하고 [저장] 버튼을 클릭합니다.

➕ 등록 상품 일괄 관리	
처리 선택 ❓	이동 ⌄
분류선택	기본 분류 ⌄ 대분류 ⌄ 중분류 ⌄ 소분류 ⌄
진열 위치	☐ 첫 번째 위치로 진열

저장

개인결제창

고객이 쇼핑몰에 기재된 상품과 가격 이외에 다른 조건들을 운영자와 협의하고 난 후, 해당 금액 만큼을 결제할 수 있는 별도의 맞춤 결제 페이지를 만들어 제공할 수 있습니다. 이를 '개인결제창'이라고 부르며 특별한 결제 건에 대해 맞춤하여 관리할 수 있는 간편한 기능입니다. 개인결제창은 대체로 '개인결제'라는 명칭의 분류를 따로 만들어 관리합니다.

01 [상품관리] > [판매상품 기본관리] > [상품분류 등록/수정/삭제] 메뉴를 클릭합니다. 하위분류 '사용안함', 분류타입 '기본대분류'로 설정하고 [대분류 만들기] 버튼을 클릭합니다. 분류 이름은 '개인결제'로 작성하고 분류를 생성합니다.

02 따라 다니는 오른쪽 퀵메뉴에서 [개인결제창] 메뉴를 클릭합니다.

03 개인결제용 간략 상품등록 팝업이 뜨면 상품명, 가격, 적립금을 작성합니다. 카테고리는 생성한 '개인결제'를 선택합니다.

상품명	최한샘님 개인결제	(17 / 200)
가격	105000 원	
적립금	0 원▾ 0	
카테고리	개인결제 중분류 없음	

04 이미지는 개인결제 전용 이미지를 만들어 두고 이용하면 됩니다. '큰 이미지'에서 [파일선택] 버튼을 클릭하여 등록하고 '큰 이미지로 중간/작은 이미지 자동 생성'에 체크합니다. 기타 옵션에 대한 내용을 확인하고 [상품등록] 버튼을 클릭합니다.

큰 이미지 (상품진열 페이지에서 '큰 이미지 보기'에 노출)	**파일 선택** 선택된 파일 없음 (권장이미지 : 500X500 / **2000K gif,jpg**) ☑ 큰 이미지로 중간/작은 이미지 자동생성 (권장 사이즈로 변경) ❗
중간 이미지 (상품진열 페이지에 노출)	**파일 선택** 선택된 파일 없음 (권장이미지 : 300X300 ▾ / 2000K gif,jpg)
작은 이미지 (그 외의 모든 페이지에 노출되며, 이미지 사이즈는 자동 리사이징되어 노출)	**파일 선택** 선택된 파일 없음 (설정사이즈 : 120X120 / 2000K gif,jpg) ☐ 신규 등록시 상품 테두리선 생성. (옵션 🎨 ⬛ 1 ▾ px)

05 내 쇼핑몰의 '개인결제' 분류로 이동하여 생성된 개인결제를 확인합니다.

PART 6

디자인 및 기타 관리

쇼핑몰을 운영 관리 할 때에 운영 정책이나 이벤트에 따라 수시로 메인배너, 팝업창을 바꾸어가며 노출하는 디자인 수정이 필요합니다. 운영 내용을 고객에게 전달하는 과정에서 이처럼 디자인 수정은 필수이며, 때로는 코드 수정을 동반 하는 경우도 있습니다. 여기에서는 별도의 코드 수정없이 배너들을 관리하는 방법을 배워 보도록 하겠습니다.

코드 없이 배너 수정하기

배너를 최초 등록 할 때에는 기존에 등록된 샘플 배너 이미지를 직접 FTP에 등록한 것이 아니기 때문에 파일의 위치, 파일명 등이 생소합니다. 그래서 새로운 파일 위치와 파일명으로 이미지를 등록하는 코드 수정 방법으로 배너를 넣었습니다. 그러나 운영 중 배너를 수정할 때에는 배너 이미지가 저장된 위치, 배너 파일명의 규칙 등을 파악하고 있는 상태이므로 코드 수정없이 파일 업로드 만으로 배너를 수정하는 방법에 대해 알아보겠습니다.

 PC 쇼핑몰 배너 수정하기

01 기존 파일의 경로를 파악하기 위해 크롬 브라우저에서 쇼핑몰 화면을 엽니다. 배너 이미지 위에 마우스를 놓고 우클릭하여 [새 탭에서 이미지 열기] 메뉴를 클릭합니다.

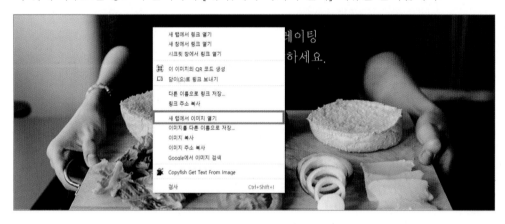

02 새 탭에서 열린 이미지의 주소를 확인합니다. 도메인 뒷 부분에서 이미지 파일이 등록된 위치를 확인할 수 있습니다. 여기에서는 [design/cozylive] 위치에 'banner.jpg' 파일이 등록된 것을 확인할 수 있습니다.

03 새로 제작한 배너의 이미지를 기존 배너 이미지와 동일한 이름으로 바꿔줍니다.

04 새 배너를 기존 배너가 저장된 FTP의 위치에 등록하기 위해 [개별디자인] 메뉴를 클릭합니다. 왼쪽 상단에서 '마이 FTP'를 [열기] 합니다.

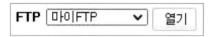

05 기존 'banner.jpg' 파일이 저장된 위치에서 [업로드]를 클릭하여 새 배너 파일을 선택하고, 업로드창에 드래그합니다.

06 파일명이 기존 파일과 중복 된다는 알림창이 나오면 [예]를 클릭하여 파일을 변경합니다. 이 때에 기존 배너 파일은 완전히 사라지므로 유의해 주시기 바랍니다.

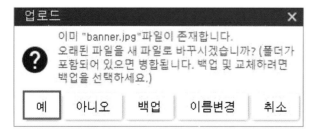

07 내 쇼핑몰 메인 페이지에서 배너가 잘 바뀌었는지 확인합니다. 이미 열려있던 브라우저에서는 이전 배너 이미지에 대한 정보가 남아있기 때문에 간혹 바로 적용되어 보이지 않는 경우도 있으나, 실제 적용에는 문제가 없는 부분입니다. 다른 브라우저에서 쇼핑몰을 열어 적용된 화면을 확인하거나 크롬 브라우저 설정의 '인터넷 사용 기록 삭제'에서 캐시된 이미지 및 파일 삭제를 통해 새 배너를 제대로 확인할 수 있습니다.

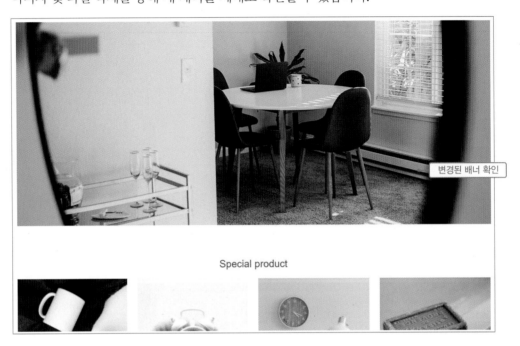

변경된 배너 확인

Special product

TIP 모바일 배너 코드 없이 수정하기

모바일 배너 또한 PC 배너와 동일한 방법으로 수정합니다. 기존에 등록된 배너 이미지를 파일명 그대로 FTP 기존 위치에 덮어씌워 등록 하면 별도의 메뉴 수정 없이 바뀐 모바일 배너를 확인할 수 있습니다.

팝업창 설정하기

쇼핑몰에 들어가서 메인 페이지를 확인하기 전 쇼핑몰의 중요한 이벤트와 공지는 팝업으로 노출하는 경우가 많습니다. 메인 페이지로의 접근을 위해 고객은 팝업을 닫는 과정을 거쳐야 하는데 쇼핑몰에서 가장 고객에게 빠른 루트로 내용을 전달할 수 있기 때문에 많이 사용하는 메뉴입니다. PC 화면과 모바일 화면 모두 팝업을 설정할 수 있으며, PC 버전 팝업창의 경우 팝업 메뉴에 이미지를 등록하는 방법, HTML로 이미지를 등록하는 방법 두 가지가 있습니다.

PC 쇼핑몰 팝업창 설정 – <메이크샵 기능 설정>

팝업창 등록하기

01 [개별디자인] > [팝업/메일 디자인] > [이벤트 팝업 관리] 메뉴를 클릭합니다. '작업할 이벤트 팝업 선택'은 1번 순위로 설정하고, 추후 팝업을 더 등록할 시 아래에 있는 2번 순위로 선택하여 등록하면 됩니다. 이벤트 시작일은 오늘로 설정되어 있어서 바로 팝업을 노출 하고 싶을 때는 마감일만 바꾸어 설정합니다.

02 이벤트창의 가로 크기는 제작한 팝업 이미지의 가로 크기와 동일하게 입력합니다. 그러나 세로 크기는 내가 만든 팝업 이미지 아래로 닫기 버튼이 더 노출되어야 하므로 '20px' 정도를 더 크게 입력합니다. 이벤트창 위치는 이미지가 노출되어 시작하는 지점의 좌표로 생각하고 값을 입력합니다.

| 이벤트창 크기 | 가로 : 600 X세로 : 450 픽셀 |
| 이벤트창 위치 | 왼쪽에서 160 픽셀을 이동한 후, 위에서 120 픽셀만큼 아래로 이동합니다.
* 다중 팝업창을 띄우는 경우, 겹치지 않도록 위치를 각각 조정해주세요! |

03 '이벤트창 타입'은 '쇼핑몰에 붙은 타입(레이어 팝업)'으로 선택하고, 위에서 입력한 이벤트창 위치값을 고려하여 위치 기준을 설정합니다. 이벤트창 스크롤바는 내용이 스크롤을 내리면서 볼 정도로 매우 길지 않는 한 '스크롤바 없음'으로 설정합니다.

이벤트창 타입	○팝업 ✔쇼핑몰에 붙은 타입 (레이어 팝업) * 레이어 팝업 이용 시, 브라우저의 팝업차단 기능을 피할 수 있습니다.
이벤트창 위치 기준	✔왼쪽 기준 ○중앙 기준 * 왼쪽 기준 : 브라우저 창의 왼쪽 기준 노출 * 중앙 기준 : 브라우저 창의 중앙 기준 노출
이벤트창 스크롤바	○스크롤바 있음 ✔스크롤바 없음

04 '제목'을 입력합니다. 제목은 팝업창 디자인에 노출 되지는 않지만 팝업 등록 후 관리할 때 어떤 팝업인지 식별하기 위해 쓰이므로 팝업 내용을 구분할 수 있는 제목으로 입력하면 됩니다. 이미지 [파일선택] 버튼을 클릭하여 제작한 팝업창 이미지를 등록합니다. 클릭하여 메뉴 이동을 원할 시 [링크도우미] 버튼을 눌러 링크할 위치를 설정합니다.

제목	주말 무료배송 쿠폰
	내용 입력
이미지	[파일 선택] 팝업.jpg (권장:320 X 350픽셀/gif.jpg.png/300KB) * 권장 이미지 사이즈는 내용 없이 이미지만 등록할 경우의 권장 이미지 사이즈입니다. * 이미지와 내용을 같이 쓸 경우 이미지 사이즈에 따라서 템플릿이 깨질 수 있습니다.

05 페이지 하단의 [입력] 버튼을 클릭하고 내 쇼핑몰에서 노출 되는 팝업창을 확인합니다. 팝업창은 적용중인 스킨에 따라 아래 이미지처럼 배경 이미지가 적용되는 경우가 있을 수 있습니다. 이 때에는 관련 코드 수정을 통하여 배경 이미지를 제거할 수 있습니다.

팝업창 배경이미지 미노출 설정

01 [개별디자인] 메뉴를 클릭하여 현재 스킨의 [디자인 편집하기]를 클릭합니다.

02 편집 화면에서 중앙디자인의 [이벤트 팝업] > [기본 이벤트 팝업]을 클릭합니다.

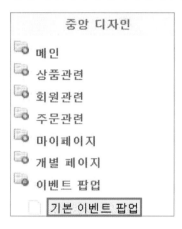

03 코드 수정에 대한 팁을 참고하기 위해 [개별디자인 TIP 보기] 버튼을 클릭합니다.

04 검색창에 '팝업창' 키워드로 검색하고 목록에서 [팝업창 배경이미지 노출하지 않는 방법]
제목을 클릭합니다.

번호	구분	내용	자주찾는글
1	공통태그	디자인 미리보기 시 내용 반영 안될 때 확인사항	
2	공통태그	쇼핑몰 컨텐츠 관리 노출방법	
3	이벤트팝업	팝업창이 가려질때 수정방법	
4	이벤트팝업	투명배경 팝업 만드는 방법	
5	메인	공지사항 팝업창 크기조절방법	
6	공통태그	카멜레온 전환시 변경되는 메뉴안내	
7	이벤트팝업	팝업창 배경이미지 노출하지 않는 방법	
8	개별페이지	개별 페이지 팝업으로 띄우기	
9	이벤트팝업	이벤트 팝업 가상태그 안내	
10	기능사용	스크롤에서 출석체크 팝업창 띄우기	

05 게시글의 동영상과 설명글을 참고하여 수정 방법을 확인합니다. 글 내에 있는 [소스복사] 버튼을 클릭합니다.

1. [중앙디자인 > 이벤트 팝업 > 기본 이벤트 팝업]에서 작업된 기본소스중 id값과 class값을 모두 삭제하시고 디자인을 해주시면 됩니다.

예제소스) [소스복사]

```
<div>
    <div>
        <div>
            <!--/content/-->
            <!--/if_attach_image/-->
```

06 복사한 코드를 디자인 편집 화면으로 돌아와서 [디자인 편집] 탭의 모든 소스를 다 지우고 대체하여 붙여넣기 합니다.

디자인 편집	CSS	JS	임시 저장 소스

```
<div>
    <div>
        <div>
            <!--/content/-->
            <!--/if_attach_image/-->
            <div>
                <!--/if_click_attach_image/-->
                <a href="#none" <!--/if_click_attach_image/-->onClick="<!--/click_att
                <!--/else/-->
                <img src="<!--/attach_image/-->" alt="" title="" />
                <!--/end_if/-->
            </div>
            <!--/end_if/-->
        </div>
    </div>
    <div>
        <div>
            <label>
                현재의 메세지창을 다시 표시하지 않음
                <!--/checkbox_show_term/-->
            </label>
            <a class="btn-close" href="<!--/link_close/-->" title="close"><img src="/
        </div>
    </div>
</div>
```

07 [저장] 버튼을 클릭하고 노출되는 팝업창을 확인합니다. 배경 이미지가 삭제되었고, 팝업 창 아래 닫을 수 있는 버튼도 노출 됩니다.

PC 쇼핑몰 팝업창 설정 – <HTML로 등록 설정>

01 디자인 편집 화면으로 이동하여 페이지 추가 버튼을 클릭합니다.

02 페이지명을 작성하고 '화면선택'을 '이벤트 팝업'으로 설정한 뒤 [확인] 버튼을 클릭합니다.

03 '마이 FTP'를 열고 팝업 이미지를 업로드 합니다. 단, 이 때에 팝업 이미지의 파일명은 한 글과 특수문자를 제외하고 영문, 숫자의 조합으로 작성해야 오류없이 업로드 가능합니다. 업로드 후 해당 이미지에서 마우스 우클릭 후 '링크복사'를 선택합니다.

04 디자인 편집 화면으로 돌아와서 복사한 이미지 경로를 활용하여 이미지 태그를 작성합니다. 그리고 이미지 아래쪽으로 닫기 버튼과 닫기 링크를 생성합니다. 코드 작성을 마치고 [저장] 버튼을 클릭합니다.

```
<p><img src="이미지경로" /></p>
<p align="right"><a href="<!--/link_close/-->">닫기X</a>  </p>
```

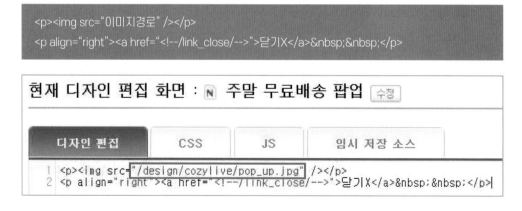

05 [개별디자인] > [팝업/메일 디자인] > [이벤트 팝업 관리] 메뉴를 클릭하고 '2번 순위, 이벤트 팝업창'을 선택합니다. 디자인 선택에서 방금 생성한 '주말 무료배송 팝업'을 선택합니다.

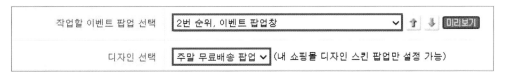

06 이벤트 마감일을 설정하고 이벤트창 크기, 위치, 타입, 스크롤바 등을 설정합니다. 그리고 제목을 작성한 뒤 [입력] 버튼을 클릭하고 완료합니다.

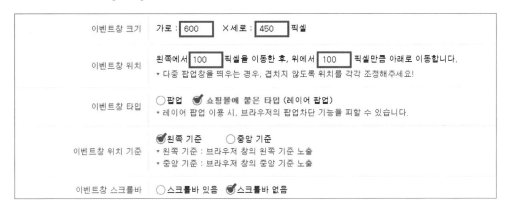

07 내 쇼핑몰에서 노출된 팝업을 확인합니다.

01 [모바일샵] > [모바일샵 설정] > [메인/디자인 설정] 메뉴를 클릭합니다. '모바일샵 팝업
    관리' 메뉴 '사용함'에 체크합니다.

모바일샵 팝업관리 예시	⦿ 사용함 ○ 사용안함 수정하기

02 팝업창 설정에서 이벤트 마감일을 수정합니다. 이벤트창 가로 크기는 노출하고자 하는 크
    기 그대로, 세로 크기는 닫기 버튼 때문에 이미지 크기보다 '30px'정도 크게 입력합니다.
    기타 설정을 마치고 '제목'을 작성한 뒤 [입력] 버튼을 클릭합니다.

03 모바일 쇼핑몰 메인 페이지에서 팝업창을 확인할 수 있습니다.

03 스킨 관리하기

쇼핑몰에서 디자인을 새로 하거나 수정한다는 것은 스킨 디자인 부분을 새롭게 교체하거나 수정한다는 것입니다. 현재의 디자인을 파일로 백업해 놓거나, 구매한 스킨 디자인을 파일로 백업하기, 그리고 스킨 디자인을 복사해서 수정하는 방법을 알아봅니다.

01 [개별디자인] > [디자인 스킨 관리] 메뉴를 클릭합니다. [복사] 버튼을 클릭합니다.

02 스킨명과 스킨 설명을 작성하고 '나중에 편집하기'를 선택한 뒤 [완료] 버튼을 클릭합니다.

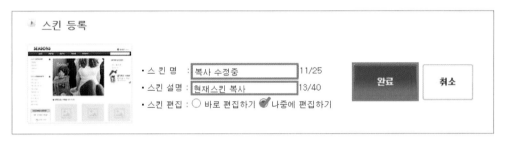

03 현재 스킨과 동일한 스킨이 '디자인 스킨 뱅크'에 복사가 됩니다. 내 쇼핑몰을 직접적으로 바꾸지 않으면서 수정 테스트를 진행할 수 있고 수정이 완성 되었을 때 [쇼핑몰 적용하기]를 클릭하여 최종 적용할 수 있습니다.

04 내 쇼핑몰 스킨에서 [다운] 버튼을 클릭하면 다음과 같은 팝업이 뜹니다. 아래의 코드 파일을 전부 내려받기 하여 디자인을 백업할 수 있으며, 각 페이지의 코드가 필요할 때 일일이 브라우저 화면에서 복사하지 않고 손쉽게 코드를 옮길 수 있습니다. 다운을 원하는 파일에 체크하여 [다운받기] 버튼을 클릭합니다.

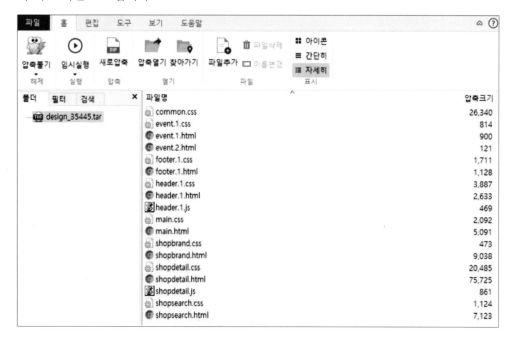

05 다운로드한 파일은 다음과 같으며, 내려받기 한 해당 페이지의 HTML과 CSS 파일이 각각 따로 다운로드 됩니다.

04 진열상품 롤오버 설정

쇼핑몰의 리스트 화면에서 한 장의 이미지가 아닌 다른 이미지도 함께 노출하고 싶을 때 이용할 수 있습니다. 상품에 롤오버 시 다른 이미지가 보이게 하는 설정으로, 쇼핑몰의 상세페이지에 들어가지 않아도 제품의 다른 컷을 확인할 수 있는 장점이 있습니다.

진열상품 롤오버 설정

01 [개별디자인] > [디자인 관련 기능 설정] > [진열상품 롤오버 설정] 메뉴를 클릭하고 '서비스 사용 여부'의 '사용함'에 체크한 다음 [저장하기]를 클릭합니다.

02 [상품관리] > [판매상품 기본관리] > [등록 상품 수정/삭제] 메뉴로 이동합니다. 롤오버 설정을 원하는 상품을 찾아 [수정]을 클릭합니다.

03 '기본 이미지 등록' 가장 아래에 '진열효과(롤오버) 이미지' 메뉴가 생성된 것을 볼 수 있고, 여기에 이미지를 등록 한 뒤 [수정] 버튼을 클릭합니다.

04 [개별디자인] 메뉴를 클릭하고 [디자인 편집하기] 버튼을 클릭합니다. 편집 화면에서 [메인] > [메인] 메뉴를 클릭하고 [가상태그 팝업열기]를 클릭합니다.

05 '롤오버' 키워드로 검색합니다. 메인의 첫 번째 영역인 신규상품 영역의 코드 수정을 위해 '신규상품 > 이미지 롤오버'의 코드를 복사합니다.

06 편집 화면에서 [Ctrl+F] 단축키를 눌러 찾기를 열고 이미지 부분을 찾기 위해 'image' 키워드를 검색합니다. '신규상품' 영역을 수정해야 하므로 'new' 코드를 확인합니다.

07 'scr' 속성 바로 뒤에 복사한 가상태그를 붙여넣기 합니다. ┌─ 추가하기

08 메인 페이지의 특별상품 영역에 있는 이미지도 동일한 방법으로 수정하고 [저장] 버튼을 클릭합니다. 동일한 방법으로 목록 이미지가 있는 분류페이지도 수정할 수 있습니다.

```
nk/-->"><img src="<!--/special_product@image_m/-->"<!--/special_product@rollover/--> alt="상품 섬네일
```
└─ 추가하기

09 쇼핑몰 메인 페이지에서 해당 상품에 마우스 오버하여 적용된 이미지를 확인합니다.

▶ 목록 이미지

▶ 롤오버 이미지

롤오버 이미지를 적용 했을 때 롤오버 이미지가 너무 흐리게 출력 된다면 이미지 사이즈를 수정해야 합니다. 롤오버 이미지 등록 시 설정 이미지가 '120px(기본값)'로 너무 작게 설정되어 있기 때문입니다.

❶ [개별디자인] > [디자인 관련 기초 설정] > [메인/상품 화면 설정] 메뉴로 이동하여 상품 이미지 최소 사이즈 설정을 노출 하고자 하는 이미지 크기 이상으로 변경합니다.

❷ 다시 상품 수정으로 이동하여 '설정이미지 사이즈'가 변경된 것을 확인하고 기존 이미지를 [삭제] 한 뒤 [찾아보기]를 클릭하여 이미지를 다시 등록합니다.

❸ 상품 수정을 완료하고 다시 메인페이지에서 롤오버 이미지를 확인합니다. 수정 전 깨진 이미지와는 다르게 선명해진 이미지를 확인할 수 있습니다.

▶ 수정 전

▶ 수정 후

모바일샵 HTML 버전 설정

최초 기본 설정 되어 있는 모바일샵은 'EASY PACK' 버전으로, HTML 코드를 직접 작성하지 않아도 되는 템플릿 메뉴로 이루어져 있습니다. 다루기 쉬운 메뉴로 모바일샵의 제작 및 운영관리가 매우 쉽다는 장점이 있지만, HTML 코드를 이용하여 쇼핑몰을 디자인하고자 할 때에는 다른 버전의 스킨으로 변경하여 적용해야 합니다. 예를들어 외부 사이트에서 모바일샵의 디자인을 구매할 때도, 코드를 이용하여 디자인을 적용하다 보니 HTML 버전으로 세팅 및 운영관리 합니다. 여기에서는 모바일샵 HTML 버전의 적용 방법에 대해 간단히 알아봅니다.

 HTML 버전 스킨 추가하기

01 [모바일샵] > [모바일샵 설정] > [모바일 D4(개별디자인)] 메뉴로 이동하여 [+ 신규스킨 생성하기] 버튼을 클릭합니다.

02 [개별디자인(HTML 편집 버전)] 탭을 클릭하고 스킨 제목을 입력합니다. 스킨 편집은 '나중에 편집하기'로 체크하고 [스킨 생성하기] 버튼을 클릭합니다.

03 신규 스킨 생성이 완료되면 '보관 스킨'에서 확인 가능합니다. 쇼핑몰에 바로 적용할 때에는 [내 모바일샵 적용하기]를 클릭하고, 편집을 해야 할 때에는 [HTML 디자인 편집하기] 버튼을 클릭하여 디자인 수정을 합니다. 해당 스킨의 미리보기 화면은 [디자인 미리보기] 버튼을 클릭하여 확인할 수 있습니다.

06 접속 통계 애널리언스

쇼핑몰에서 발생하는 많은 데이터들을 한 번에 확인할 수 있는 분석 도구입니다. 온라인 쇼핑몰은 고객이 직접 방문하여 의견과 문제점을 말하지는 않지만 대신 왔다간 흔적이 모두 기록되며 이는 쇼핑몰 분석 시 유의미한 데이터가 됩니다. 유입통계, 체류시간, 페이지 뷰 등의 분석을 통해 현재의 문제점을 파악할 수 있고 앞으로의 보완과 마케팅 전략에도 직접적인 힌트를 제공할 수 있습니다.

애널리언스 신청하기

01   [접속 통계] 메뉴를 클릭하고 왼쪽 메뉴 '애널리언스'의 [서비스 신청] 버튼을 클릭합니다.

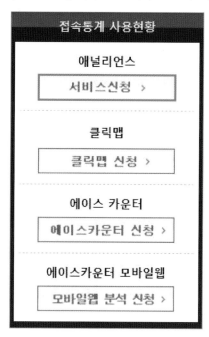

02   통계 솔루션은 애널리언스 타입과 에이스 카운터 타입으로 나뉩니다. 여기에서는 애널리언스 '무료이용'에 체크하고 페이지 하단의 [서비스 신청] 버튼을 클릭합니다.

상품타입	애널리언스		에이스카운터		
요금제	프리미엄(무료)	골드	실버	골드	모바일
서비스범위	•프리미엄(무료) : 최적화 된 실시간 접속통계 •골드 : 실시간 접속통계 + 쇼핑몰 상세옵션, 카테고리 분석 제공		•실버 : 기본방문자 + 제품/구매분석 •골드 : 쇼핑몰에 최적화 된 전문분석		모바일 최적화 분석
무료	🏅 무료이용	–	○ 무료체험 (14일)	○ 무료체험 (14일)	○ 무료체험 (14일)

<u>03</u> 서비스 이용 약관에 동의하고 [확인]을 클릭합니다.

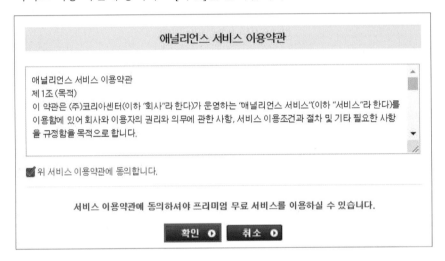

<u>04</u> 애널리언스의 [접속] 버튼을 클릭하여 서비스를 이용할 수 있습니다.

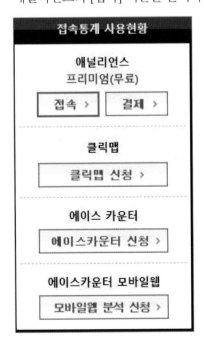

05 애널리언스 창이 뜨고 각종 통계 자료를 확인할 수 있습니다.

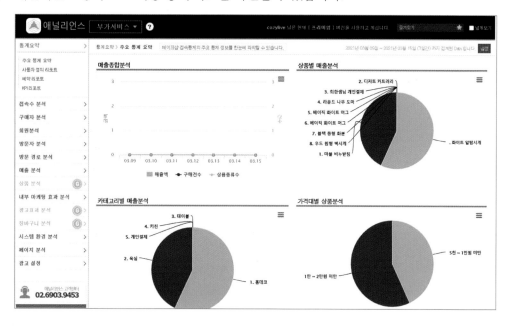

언택트 시대 쇼핑몰 창업의 정석

마케팅편

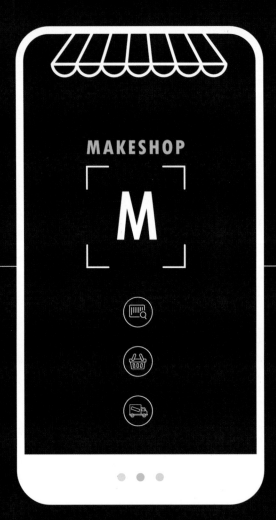

PART 1

소비자 구매 환경 및
판매채널 이해

소비자가 인터넷으로 구매할 수 있는 환경은 크게 PC / 스마트폰(모바일) / 애플리케이션(앱)으로 나뉩니다. 우선 이 분류의 특성을 알아 보도록 하겠습니다.

소비자 구매 환경 분류

1 PC 환경

데스크탑 또는 노트북 등 스마트폰이 아닌 환경에서 구매하는 방법입니다. 편하게 마이크로소프트 윈도우 환경에서 소비한다 생각하면 좋습니다. 화면이 크고 많은 정보를 쉽게 확인할 수 있어 검색 시 간편하지만 결제환경이 스마트폰보다 조금 더 복잡한 단점이 있습니다. 바로 간편결제의 기계적 한계입니다.

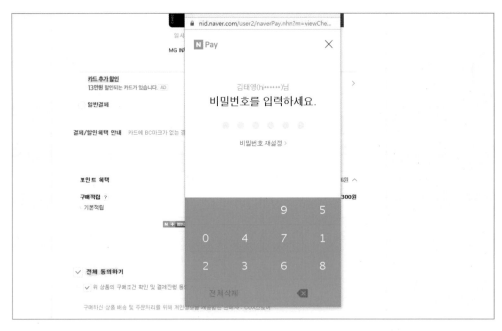

▶ 실제 PC에서 결제를 할 때의 화면 : 비밀번호를 일일이 마우스로 클릭해야 한다.

PC 환경에서 가장 치명적인 전자상거래의 단점은 유입수입니다. 모바일 환경과 비교하면 거의 압도적인 차이가 나는데 수 배차가 기본입니다.

전체추가	연관키워드 ⑦	월간검색수 ⑦		월평균클릭수 ⑦		월평균클릭률 ⑦	
		PC	모바일	PC	모바일	PC	모바일
추가	도장	24,100	66,300	313	1,277	1.46%	2.11%
추가	쥐포	2,590	23,000	8.5	326.2	0.38%	1.54%
추가	여성의류	3,230	12,200	110.1	521.2	3.63%	4.43%
추가	부산호텔	9,540	55,100	67.2	1,217.7	0.73%	2.28%
추가	구제도매	130	810	7.5	97.1	5.76%	13.11%
추가	레깅스	10,500	73,800	145.9	2,227.8	1.66%	3.51%
추가	여성의류쇼핑몰	3,470	31,100	214.7	1,980	6.56%	6.5%

▶ B2C 성향이 강한 상품일수록 PC와 모바일 조회수의 차이가 크다.

위 화면은 네이버광고 센터에서 인용한 특정 키워드들의 조회수입니다. 쥐포의 경우 약 10배 차이가 나는데, 이는 길거리에서 사람들이 항상 스마트폰을 쳐다보고 있는 것을 느낀다면 이해가 어렵지 않습니다. 의외로 창업 초기이신 분들이 PC의 모니터 환경 또는 노트북 화면의 기준에 맞춘 글자와 이미지로 상세설명을 작성하는 경우가 있습니다. 사실 이건 당연한 일이기도 합니다. 포토샵과 일러스트가 주로 화면이 넓은 노트북이나 데스크탑 환경에서 사용되기 때문인데 다음 이미지를 확인해 보도록 하겠습니다.

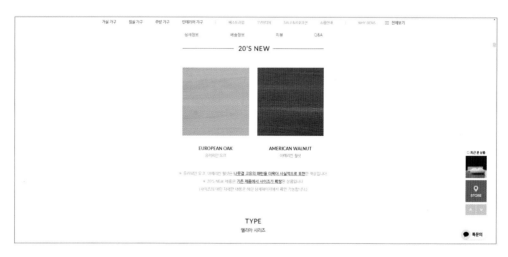

▶ PC 화면은 횡적인 구도라 여백을 잘 활용하면 보기 편하다.

이전 화면은 실제 자사몰을 운영중인 가구브랜드의 상세페이지(PC화면) 일부를 캡처한 것입니다. 브랜드의 콘셉트와 추구 방향이 모던함인데, 쇼핑몰의 상세페이지를 보면 깔끔함과 여백을 중시함을 알 수 있습니다.

연관 키워드	월간 검색 수 ⑦		월평균 클릭 수 ⑦		월평균 클릭률 ⑦		경쟁 정도 ⑦	월평균 노출 광고수 ⑦
	PC	모바일	PC	모바일	PC	모바일		
침대	34,800	223,800	449.7	5,486.2	1.38 %	2.62 %	높음	15
싱글 침대	7,720	69,500	115.9	1,875.9	1.6 %	2.89 %	높음	15
모션 침대	410	2,000	7.5	75.5	1.84 %	3.92 %	높음	15
퀸 침대	4,370	39,200	77.9	1,109.3	1.86 %	3.04 %	높음	15
침대 사이즈	6,940	38,900	20.5	432.3	0.32 %	1.2 %	높음	15
1 인용 침대	1,800	9,010	30.9	263.4	1.74 %	3.18 %	높음	15
싱글 침대	980	4,430	12.2	127.9	1.32 %	3.09 %	높음	15
주니어 침대	470	4,090	8.1	88.3	1.89 %	2.43 %	높음	15
침대 판매	2,250	19,400	55.9	964.6	2.7 %	5.3 %	높음	15

키워드 검색추이를 보면 압도적으로 모바일 유입이 많다는 걸 볼 수 있습니다. 그렇다면 모바일에 특화되는 상세설명을 만드는 게 정답입니다.

다음 화면은 PC용 상세설명이 모바일로 전환되어 보여지는 이미지인데 글씨가 모바일 화면 규격에 맞추어 비례 축소된 것을 볼 수 있습니다. 시안성이 떨어지고 상세설명을 보기 어려워지므로 이렇게 되면 소비자의 체류시간은 짧아질 수밖에 없습니다.

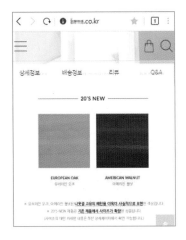

▶ PC 상세설명이 모바일로 전환된 화면: 이미지와 글씨가 작아져서 몰입하기 어렵다.

모바일 버전으로 제작된 자동차 상세설명 중 일부입니다. 이미지와 텍스트의 규격이 모바일 화면에 잘 맞춰져 있기 때문에 글씨가 많은 편이긴 하나 시안성은 좋은 편입니다.

포토샵이나 모션 그래픽 등을 사용하는 상세설명은 PC와 노트북 작업 환경이 절대적입니다. 그래서 PC 버전의 환경에서 상세설명을 작성하는 경우가 대부분입니다. 글씨체와 이미지가 자동전환 되는 시스템이면 어느 정도의 시안성을 프로그램이 잡아주지만 웹디자인 비중이 높은 경우라면 반드시 모바일 환경에서의 상세설명을 확인해 보는 습관을 가지는 것이 좋습니다.

PC에서 간단히 모바일 환경으로 확인할 수 있는 방법이 있습니다.

▶ 웨일 브라우저: 크롬이나 파이어폭스 같은 네이버의 웹브라우저

네이버에서 '웨일'을 받아 활용하길 권합니다. '웨일'은 네이버에서 개발한 웹브라우저인데 PC에서 모바일 버전으로 활용하기 좋습니다. 크롬 모바일은 어느 시점에서 PC 화면으로 고정이 되거나 전환되는데 '웨일'의 경우 그런 현상이 비교적 적어 모바일 버전으로 화면을 확인하기 편합니다(최근 들어 PC화면으로 전환되는 일이 발생하고 있습니다).

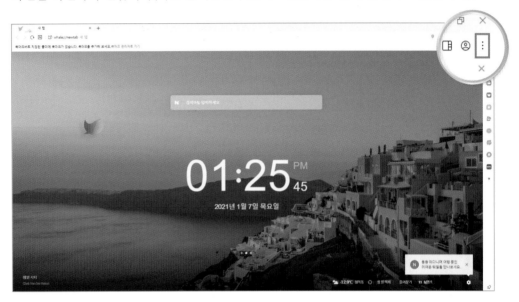

'웨일' 다운이 완료되면 위와 같은 화면이 보입니다. 오른쪽 맨 위 세개의 점표시를 클릭하면, 다음 화면처럼 펼침창이 나오는데 여기서 왼쪽 위 '모바일창'으로 표시가 된 부분을 클릭합니다.

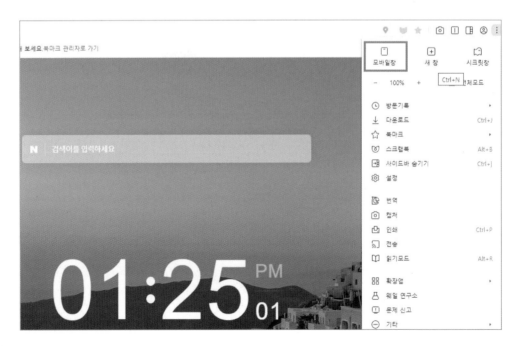

클릭하면 아이콘이 나타나는데 이 때 'NAVER' 아이콘을 클릭합니다.

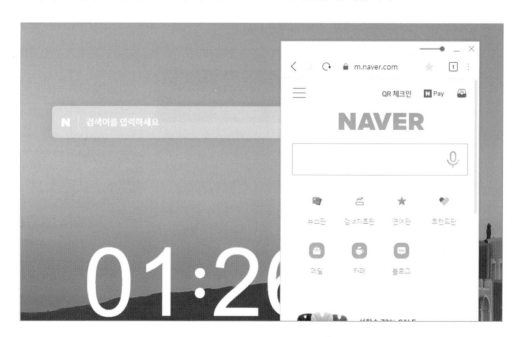

PC에서 모바일창 화면을 확인할 수 있습니다. 이런 방법으로 PC나 노트북에서 모바일 환경에서의 웹디자인이 어떤지 확인해가며 상세설명을 작성하길 권합니다. 직접 여러 사이트를 방문해 보면 의외로 많은 사이트들이 모바일 환경에 최적화 되어 있지 않음을 느낄 수 있습니다.

단순하게 말하면 스마트폰으로 구매하는 것이라 할 수 있습니다. 운영체계에 따라 스마트폰은 크게 애플의 ios와 구글 안드로이드 계열의 스마트폰으로 상품이나 서비스를 결제하는 방법이 있습니다. 모바일에서 인터넷 브라우징을 하기 때문에 '모바일 웹'이라고도 하는데, 윈도우와는 환경이 다릅니다. 의외로 PC 인터넷과 모바일 웹이 동일한 운용 환경에서 구동된다 생각하는 분이 많은데, 윈도우 프로그램은 마이크로소프트사로 구글의 안드로이드와는 완전히 다릅니다.

출퇴근 시간, 점심시간 또는 잠자기 직전 등 다양한 시간에 유입이 되며 간편결제가 매우 용이하고 자신만의 스마트폰에서 결제를 반복하기 때문에 높은 구매빈도를 보입니다. 단점이라면 PC 보다 화면이 작기 때문에 정보량이 물리적으로 적다는 것입니다. 그래서 PC 보다 이탈하는 속도가 매우 빠르고 다양한 서칭에 소량의 정보를 여러 번 반복하는 특징이 있습니다.

▶ 100% 크기의 PC 브라우징 네이버 화면 : 가로배열로 정보량이 많다.

TIP 버티컬 마켓과 호라이즌탈 마켓

버티컬 마켓: 특정 카테고리에 집중하는 것으로 오늘의 집, 지그재그를 예로 들 수 있습니다.
'수직시장'이라고도 합니다.

호라이즌탈 마켓: 네이버쇼핑처럼 다양한 카테고리를 한 데 묶어 쇼핑콘텐츠를 제공합니다.
'수평시장'이라고도 합니다.

▶ 모바일 웹브라우징 네이버 화면 : 화면 크기의 한계와 세로 구성으로 정보량이 적을 수밖에 없다.

모바일의 특성상 접속 빈도가 PC에 비해 매우 높습니다. 그래서 구매 의향이 명확해지면 결제에 도달하는 속도가 매우 빠른 편이지만 판매자 입장에서는 광고비 부담이 매우 크다는 것이 단점이 될 수 있습니다. 그렇기 때문에 모바일은 작은 화면에서 설득해야 하는 환경이라 짧은 글, 단순하지만 강렬한 이미지, 그리고 체류시간을 효과적으로 높이는 동영상 등의 활용성이 갈수록 높아지고 있습니다.

스마트폰 안의 '단독몰'로 이해하면 쉽습니다. 또는 스마트폰 안에 홈페이지를 별도로 다시 구축하는 것으로 이해해도 좋습니다. 자신의 쇼핑몰앱을 직접 개발해서 소비자에게 다운로드 시키는 방법이 있는데 개발시간, 비용, 마케팅 및 홍보까지 복합적이면서 세밀한 작업이 필요하여 중견기업도 쉽게 도전하지 못하는 영역이 되었습니다. 대신 '지그재그', '에이블리', '오늘의 집' 등 여성의류, 리빙 등 한 가지 카테고리에 집중해서 해당 쇼핑몰 운영자들이나 판매자를 모집하는 '앱형 입점 플랫폼'이 대세가 되었습니다.

▶ 리빙 전문 애플리케이션 오늘의 집

처음 이러한 플랫폼이 나왔을 때 '과연 잘 팔릴까?'라는 의구심이 많았습니다. 이미 포털 사이트에선 쇼핑 콘텐츠가 자리를 잘 잡았고 소셜커머스도 거대화되어 더 이상의 시장 세분화는 불가능해 보였기 때문입니다. 그런데 이 판도를 바꾸기 시작한 세대가 20대가 주축이 되는 MZ세대입니다.

오픈마켓이나 소셜커머스의 소비자 추이를 보면 재미있는 현상이 있는데 30대까지 높은 시장점유율을 보이다 20대 시장에서 급전직하 하는 데이터가 속속이 발생한 것입니다.

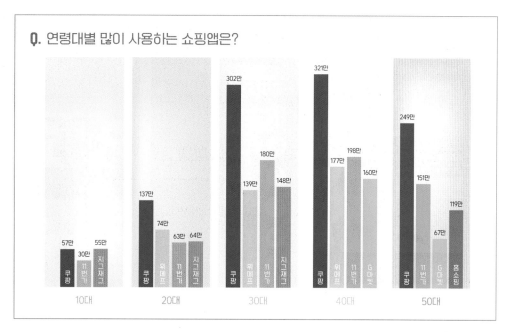

Q. 연령대별 많이 사용하는 쇼핑앱은?

10대: 쿠팡 57만 / 11번가 30만 / 지그재그 55만
20대: 쿠팡 137만 / 위메프 74만 / 11번가 63만 / 지그재그 64만
30대: 쿠팡 302만 / 위메프 139만 / 11번가 180만 / 지그재그 148만
40대: 쿠팡 321만 / 위메프 177만 / 11번가 198만 / G마켓 160만
50대: 쿠팡 249만 / 11번가 151만 / G마켓 67만 / 홈쇼핑 119만

▶ 출처 : 와이즈앱

위 도표는 2019년 5월경에 '와이즈앱'에서 발표하고 한 언론사가 기사로 내보낸 연령대별 쇼핑앱 사용 인구를 표시한 것입니다. 코로나19 바이러스가 발현하기 전으로, 비대면 매출신장 이전의 자료라는 면에서 더욱 설득력이 있는 정보라 할 수 있습니다. 이중 요즘 새로운 소비축으로 떠오르는 MZ세대의 그래프를 들여다 보겠습니다. 30대에서는 사용 빈도가 없던 '지그재그'가 20대에서는 11번가보다 많은 유저를 보유하고 있음을 알 수 있고, 10대 시장에서는 쿠팡에 필적할 만큼 많은 비율을 차지하고 있습니다(지그재그는 20대 남성 옷이 아직 없기 때문에 정확하게는 20대 여성들의 사용 비율로 보는 것이 옳습니다). 2021년에는 지그재그 외에 에이블리, 브랜디 등의 앱 성장세도 상당한데, 이는 MZ세대가 소비를 앱에서 많이 한다는 의미이기도 합니다.

쿠팡은 전연령대에서 높은 점유율을 보이는데 이는 '로켓배송'의 영향이 크다는 것이 업계 분석입니다. 쇼핑앱이 성장하는 원인으로 여러 이유들이 있겠지만, 간단히 정리하면 검색 범위의 자발적 축소라 볼 수 있습니다. 포털에서의 복잡한 검색을 되도록 피하고 주제가 정해진 앱에서 나열되는 쇼핑 정보들을 먼저 흡수하는 방식이 그것입니다. 그 이후에 가격을 비교하는 정도로 포털사이트 앱을 사용하고 있습니다. 예를 들어보겠습니다.

20대 여성이 '지그재그' 앱을 통해 다양한 쇼핑몰에서 등록한 상품들을 검색하며 '검색 Footage'를 남깁니다. 그러면 해당 앱의 A.I는 이를 분석하여 소비자 선호에 더욱 맞는 정보를 제안하게 됩니다.

▶ 지그재그 앱 : 개인선호를 실시간으로 반영하여 소비자 선호에 맞도록 재분류한다.

20대 여성 소비자는 앱에 방문을 할수록 20대 여성의류에 특화된 정보 및 선호도를 A.I 에 학습시키고 이후 추천 받는 식이 됩니다. 여러 종류의 정보를 검색하는 포털앱이나 소셜커머스에 비해 세분화 되고 전문적일 수밖에 없으니 소비자 선호는 더욱 좋아질 수밖에 없습니다.

처음 지그재그가 쇼핑 플랫폼에 진출했을 때는 그렇게 큰 관심을 받지 못했으나 이를 비웃듯 매출은 빠른 성장을 거듭하였고, 그 결과 2020년 7월 기준으로 누적 거래액이 2조원을 돌파하게 됩니다.

한 가지 카테고리에 집중한 쇼핑앱의 성장을 매우 독특한 현상으로 보는 이들이 적지 않습니다. 왜냐하면 이것은 의외로 '고관여 행위'라 보기 때문입니다. '굳이' 플레이스토어 (or 앱스토어)에 진입해서, 오락도 아닌 쇼핑앱을 '굳이' 검색하고 몇 번의 인증절차를 거쳐 다운로드 받습니다. 그리고 '굳이' 해당앱에 다시 접속하여 다시 또, '굳이' 회원가입까지 해야 합니다. 그런데 이를 조금 다른 시선에서 보면 앞서 말했듯 일종의 불필요한 검색 범위를 줄이는 '자기편의 행위'로 이해할 수 있습니다.

	10대	
	남	**여**
1위	쿠팡 134,404	지그재그 197,377
2위	번개장터 95,546	쿠팡 162,222
3위	11번가 86,992	스타일쉐어 148,762
4위	무신사 76,912	11번가 81,107
5위	G마켓 43,566	번개장터 80,878
6위	룩핀 40,708	아이디어스 72,954
7위	위메프 32,118	에이블리 68,370
8위	스타일쉐어 31,117	위메프 55,303
9위	당근마켓 26,415	무신사 53,867
10위	지그재그 22,720	G마켓 48,001

	20대	
	남	**여**
1위	쿠팡 969,677	쿠팡 1,064,174
2위	11번가 365,156	지그재그 582,878
3위	위메프 281,737	위메프 539,865
4위	무신사 217,110	11번가 421,241
5위	번개장터 209,981	티몬 416,574
6위	티몬 196,574	아이디어스 377,746
7위	G마켓 167,844	에이블리 312,585
8위	당근마켓 141,834	G마켓 243,450
9위	옥션 104,079	올리브영 198,832
10위	아이디어스 96,960	브랜디 184,912

	30대	
	남	**여**
1위	쿠팡 1,340,071	쿠팡 2,515,321
2위	11번가 883,402	11번가 1,472,185
3위	위메프 484,939	위메프 1,388,412
4위	G마켓 424,271	티몬 1,118,383
5위	티몬 398,882	G마켓 988,078
6위	옥션 283,612	GS SHOP 737,259
7위	당근마켓 271,394	홈앤쇼핑 669,176
8위	인터파크 143,168	CJmall 588,050
9위	번개장터 140,834	당근마켓 537,906
10위	AliExpress 130,362	현대Hmall 515,355

	40대	
	남	**여**
1위	쿠팡 1,367,603	쿠팡 2,322,646
2위	11번가 932,095	11번가 1,197,431
3위	G마켓 465,403	홈앤쇼핑 1,051,649
4위	위메프 386,530	GS SHOP 1,034,936
5위	옥션 386,060	위메프 875,108
6위	티몬 308,144	G마켓 829,218
7위	당근마켓 278,274	CJmall 825,674
8위	홈앤쇼핑 214,345	현대Hmall 792,086
9위	GS SHOP 187,349	롯데홈쇼핑 697,314
10위	CJmall 149,599	티몬 665,148

	50대	
	남	**여**
1위	쿠팡 749,206	쿠팡 1,130,600
2위	11번가 493,991	홈앤쇼핑 530,982
3위	G마켓 188,826	11번가 488,620
4위	당근마켓 164,371	GS SHOP 420,810
5위	옥션 161,360	현대Hmall 377,157
6위	홈앤쇼핑 146,676	CJmall 348,916
7위	위메프 139,029	롯데홈쇼핑 332,070
8위	GS SHOP 99,721	G마켓 262,722
9위	공구마켓 97,736	위메프 256,078
10위	티몬 97,452	당근마켓 217,918

	60대 이상	
	남	**여**
1위	쿠팡 183,648	쿠팡 283,532
2위	11번가 167,432	11번가 173,716
3위	G마켓 45,392	홈앤쇼핑 130,992
4위	당근마켓 43,128	GS SHOP 85,453
5위	옥션 40,715	현대Hmall 75,592
6위	홈앤쇼핑 40,308	롯데홈쇼핑 75,062
7위	위메프 35,648	CJmall 71,767
8위	티몬 25,396	위메프 70,599
9위	공구마켓 24,207	G마켓 64,652
10위	GS SHOP 21,831	당근마켓 56,015

▶ 연령별, 성별로 선호하는 앱 비중이 다르다. <이미지 출처: 아이지에웍스 2019>

포털에서의 검색 방식은 종합적입니다. 무엇이든 제로베이스에서 시작해야 하기 때문입니다. 반면, 주제가 명확한 쇼핑앱의 경우 일단 다운받으면 필요할 때만 들어가면 되고, 또 할인쿠폰, 혜택 등도 해당 쇼핑 카테고리에 전문화되어 있기 때문에 상품 또는 서비스를 검색하기 수월합니다. 그러므로 특정 쇼핑 패턴이 반복된다면 해당 쇼핑앱을 사용하는 것이 편리할 것입니다.

자신이 판매하는 상품/서비스를 다루는 전문 쇼핑앱이 있다면 입점을 적극 고려해 보는 것이 좋습니다. 왜냐하면 짭짤한 틈새 매출을 올릴 수 있기 때문입니다. 다만 주의할 점은, 높은 수수료율과 부가비용을 지급해야 하는 경우입니다. 한 상품을 여러 채널에 등록하는 '중복등록방식'은 판매율을 서로 공격하는 팀킬(Team Kill)이 될 수 있으니 채널별로 매출이 잘 맞는 상품소싱의 감이 필요합니다. 그리고 각 채널별 수수료를 지급해도 마진이 남는지 원가분석은 필수입니다.

입점할 때 다른 판매자명으로 등록하는 것도 하나의 방법입니다. 사업자등록증 번호는 같아도 판매자명을 달리 등록해서 판매하는 경우가 있고, 간혹 사업자등록을 추가하는 경우도 있는데(사업자등록을 추가하기 위해서는 사업장 주소가 하나 더 필요합니다. 사무실 주소로 사업자등록을 하였다면, 자신의 집주소를 사업장으로 하여 등록하면 됩니다. 다만, 이 경우 부가가치세 납부 시 관할세무서가 구분됩니다. 사무실 주소가 삼성동이면 삼성세무서, 집 주소가 잠원동이면 반포세무서에서 처리하니 참고 바랍니다) 사업자등록을 신규로 추가했다면 각 사업자별로 부가가치세 신고를 구분해야만 합니다. 종합소득세는 일반인(자연인)의 경우 합산신고를 할 수 있지만 법인이 2개인 경우에 법인세를 2종류의 재무제표로 만들어야 하므로 세무관련 비용이 증가할 수 있습니다. 만약 이 부분에 대한 이해가 어렵다면 회계사 또는 세무사의 도움을 받는 것이 좋습니다.

다양한 판매채널 이해

소상공인이 쇼핑몰을 오픈할 때 선택할 수 있는 여러 플랫폼이 존재하는데, 이해를 쉽게 하기 위해 발달된 시간순으로 나열하여 소개하겠습니다.

1 독립 쇼핑몰

모든 것을 직접 개발하여 운영하는 것으로 가장 오래된 형태의 쇼핑몰입니다. 웹디자인과 쇼핑몰 연동에 필요한 프로그래밍, 그리고 결제시스템과 스마트폰 앱개발까지, 실로 방대한 시간과 자금이 필요합니다. 서버유지는 물론이며, 해킹에 대한 보안대책과 시스템 통합 및 안정이 매우 중요합니다. 그렇기에 솔직히 소상공인이 접근하기에는 덩치가 너무 크고 프로그램 개발 자체를 하기 어렵다고 볼 수 있습니다. 우리가 쉽게 알고 있는 쓱닷컴, 이마트몰, 롯데닷컴 등 대부분의 브랜드몰이 이러한 예입니다.

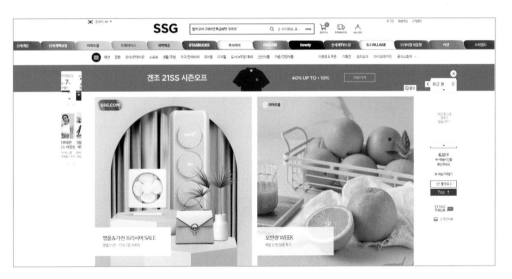

▶ SSG닷컴 메인 페이지

개인이 구축하기 어려운 결제를 비롯 쇼핑몰 구축과 운영 프로그래밍을 미리 구축해 놓고 일정 수수료만 내면 쇼핑몰을 만들 수 있도록 해주는 플랫폼의 효시입니다. 이를 통해 일반 개인도 쇼핑몰을 운영하고 성공할 수 있다는 가능성을 열었고, 실제 흔히 말하는 대박몰이 탄생하기도 했습니다. '야후 소호'가 처음으로 '포털 + 입점몰' 형식의 구조를 만들었는데, 이는 지금의 네이버 쇼핑과 매우 유사한 구조입니다.

이후 메이크샵, 카페24가 좀 더 진보한 환경의 플랫폼을 구축하고 수많은 성공스토리를 만들었습니다. 야후 소호가 야후코리아에서만 서비스가 가능했다면 메이크샵에서 구축한 쇼핑몰은 도메인 주소까지 별도로 있는 독립몰이나 마찬가지 였습니다. 임대몰은 쇼핑몰 웹디자인(스킨)과 상품을 직접 등록하면 되는데, 다만 웹호스팅이라고 하여 별도의 가상 공간 임대가 필요하고 결제시스템과 에스크로 설정이 필요합니다.

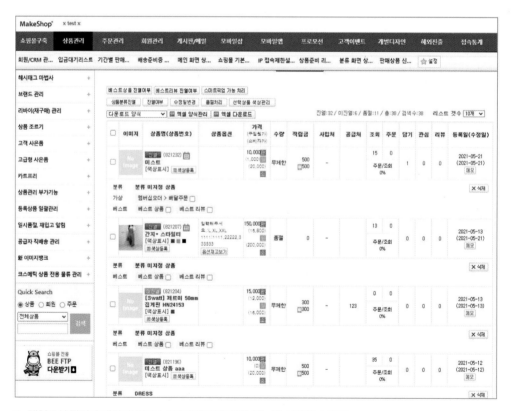

▶ 메이크샵 관리자 페이지: 마우스 클릭만으로 필요한 기능을 사용할 수 있다.

3

3 오픈마켓

만인에 의한 판매가 가능하게 된 것이 바로 오픈마켓 때문입니다. 옥션과 지마켓이 비슷한 시기에 서비스를 시작하였는데, 임대몰보다 더 간편한 방식으로 상품을 등록할 수 있어서 많은 판매상점들이 입점하였습니다. 대신 옥션이면 옥션에 종속되고 11번가면 11번가에 종속되는 방식입니다.

상세설명을 웹디자인으로 작성하면 이를 소비자에게 내보낼 수 있는 가상공간이 필요한데, 이때 이미지 전송을 해주는 것이 주역할이라 '이미지 호스팅'이라고 합니다. 현재 옥션과 지마켓이 무료로 제공하고 있지만 거래 수수료가 임대몰에 비해 비싼편이긴 합니다. 오픈마켓의 4대장이라 하면 옥션, 지마켓, 11번가 그리고 인터파크가 있습니다.

▶ 옥션 메인 페이지

▶ G마켓 메인 페이지

4 소셜커머스

오픈마켓이 상품 위주의 판매였다면 소셜커머스는 서비스 위주의 판매를 저렴하게 제공하며 시작한 것으로 볼 수 있습니다. 호텔, 마사지, 식당, 여행 등 서비스업에서 상당한 반향이 있었습니다. 그러나 오픈마켓에 가품 판매 논란이 따라붙었다면, 소셜커머스는 저렴한 가격만큼의 질 낮은 서비스가 문제로 거두 되었습니다. 쿠팡, 위메프, 티몬 그리고 그루폰 등이 당시 4대장이었는데, 현재는 그루폰이 시장에서 사라졌습니다. 그래서 소셜커머스는 서비스 시장의 한계를 느끼고 오픈마켓 영역을 넘보기 시작하여 상품을 판매하기 시작하였습니다. 그리고 이는 모두가 알다시피 오픈마켓 판매 점유율을 위협할 만큼 성장하였습니다. 특히 쿠팡의 규모화가 무서울 정도입니다. 로켓배송, 로켓프레시라는 강력한 풀필먼트(상품 배송부터 교환 반품까지 모두 책임지는 시스템, 판매자는 단순히 상품상세설명만 등록하면 됩니다) 서비스가 다수의 충성고객군을 끌어 모으고 있는 상황입니다. 다만 오픈마켓보다 높은 수수료와 별도 비용, 그리고 판매자에게 불리한 판매시스템 등으로 예민한 이슈가 나오기는 하고 있습니다.

▶ 쿠팡 메인 페이지

▶ 위메프 메인 페이지

5 입점 쇼핑몰

롯데닷컴, 오늘의 집, 한샘몰 등 종합몰에 입점하는 것을 의미합니다. 오픈마켓과 소셜커머스에 비해 좀 더 높은 수수료를 부과하는 경우가 많기 때문에 별도의 시장으로 구분했습니다. 단순히 입점한 경우에는 판매 확장을 노리기 어렵고 MD와의 소통이 무엇보다 중요하며, 이벤트를 꾸준히 할 수 있는 충분한 자금이 요구됩니다. 이런 이유로 창업을 시작하는 소상공인에게는 가장 어려운 난이도가 됩니다.

▶ 한샘몰 메인 페이지

6 블로그형 몰

① 스마트스토어

네이버에서 제공하는 블로그형 쇼핑몰입니다. 웹호스팅, 이미지 호스팅, 결제 시스템 등
일체 세팅을 해야 할 것이 없어 간편하게 시작할 수 있습니다. 말 그대로 소셜미디어나 블
로그를 해본 경험만 있으면 손쉽게 시작할 수 있어서 많은 상점들이 시작하는 판매채널이
기도 합니다. 럭키투데이, 핫딜, 단독 기획전, 라이브커머스 등 부수적으로 제공하는 다양
한 선택지의 판매 서비스가 제공되며 수수료도 저렴한 편에 속합니다.

▶ 스마트스토어 판매 상점

② 블로그마켓

2020년 12월 베타서비스를 시작하여 2021년 2월에 2차 베타서비스를 시작하였습니다.
스마트스토어가 데일리 판매자라면 블로그마켓은 간헐적 판매자를 위한 공간으로 보면
이해가 쉽습니다.

▶ 블로그마켓 판매 방법

블로그마켓보다 좀 더 간편하고 손쉽게 만들 수 있는 서비스를 찾는다면 추천합니다. 또한 마이소호 같은 경우는 오프라인 매장에서도 활용이 가능하며, 유튜버 또는 소셜미디어에서 특정 매출을 발생시키기 위해 재빠르게 만들 수 있는 결제형 상세페이지라 이해할 수 있습니다. N페이가 서비스(예정)되므로 간편결제 기능도 갖추고 있어 최근 가입자들이 많이 늘어나고 있습니다.

▶ 마이소호 사용방법

네이버쇼핑은 대한민국에서 빼놓을 수 없는, 막강한 존재감을 과시하는 공간이기도 합니다. 위에서 간단히 살펴봤던 대부분의 판매채널이 네이버에 노출되어(네이버쇼핑 노출은 선택 사항이지만 많은 광고 홍보비가 지출) 경쟁하고 있습니다. 따라서 가장 많은 설명을 본 꼭지에서 하게 됩니다. 본래 네이버쇼핑은 가격비교 기능에 충실한 형태로 시작하였고, 포털 검색에서 쇼핑 영역으로 자연스레 검색결과가 반영되니 이용자들도 그 편의성 때문에 선호했습니다. 그러다 서서히 사업확장을 하게 되었는데 여러 차례에 걸쳐 이름이 바뀌긴 했지만 지금의 스마트스토어와 N페이 결제수단이 바로 그것입니다. 네이버의 전자상거래 진출은 특히 오픈마켓 업체의 견제를 많이 받았습니다. 네이버쇼핑은 언뜻 보면 쉬워 보이는데 들여다보면 복잡하다고 말하는 분들이 있습니다.

 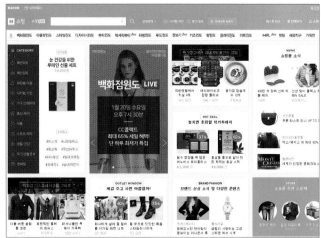

▶ 모바일 웹에서의 네이버쇼핑　　　▶ PC 환경에서의 네이버쇼핑

위의 화면은 사실 우리에게 익숙하지는 않습니다. 네이버도 이러한 사실을 인지하고 있어서 해당 서비스 소개시 '여러분이 항상 보고 있는 그곳들!'이라는 설명을 달았습니다. 그러면 '우리가 항상 보고 있는 그곳들'이 무엇인지 살펴보도록 하겠습니다.

▶ 상품 검색 시의 네이버쇼핑 : 모바일 웹

▶ 상품 검색 시의 네이버쇼핑 : PC 환경

만약 네이버쇼핑에서 '상품 검색 결과가 나온 페이지'가 익숙하다면 네이버 입장에서는 슬픈 현실입니다.

구매를 원하는 소비자 대부분은 쿠팡, 지그재그 앱을 사용하는 것처럼 해당 메인 페이지에 유입 후 검색창에 상품 검색을 합니다. 동일한 방법으로 검색을 통해 상품구매를 하고자 할 경우 네이버는 이를 네이버쇼핑 내의 검색이 아닌 메인 페이지 검색결과의 부수물로 인식을 하고 있습니다. 조금 설명이 난해할 수 있는데 쉽게 요약하면 '초록검색창'이 있는 네이버가 아닌 '네이버쇼핑'이라는 별도 공간에 소비자가 들어와서 상품검색을 하지 않는 것으로 네이버는 받아들인다고 이해하면 됩니다. 몇 가지 예시를 통해 더 자세히 알아보도록 하겠습니다.

▶ 네이버 메인 화면

▶ 네이버쇼핑의 메인 화면

위 화면은 모바일에서 네이버 앱을 실행하면 나타나는 화면입니다. 검색을 통해 상품을 구매하고자 하는 우리에겐 너무 익숙하지만 네이버 입장에서는 별도의 네이버쇼핑 공간에 구매자들이 유입되어 검색하기를 더 원하고 있습니다.

위 우측의 화면이 네이버쇼핑 메인 화면입니다. 사실 낯선 이가 더 많을 것입니다. 다른 쇼핑앱도 많고 상품구매를 할 수 있는 대체 사이트가 워낙 많기 때문에 해당 공간을 사용하는 구매자들이 많은 편이 아닙니다. 대개 네이버에서의 상품 검색은 초록창에서 시작합니다.

▶ 청바지로 검색한 결과　　　　　▶ 키워드검색광고

청바지로 검색한 결과 최상단에 여러 상품이 노출됩니다. 자칫하면 이 검색 결과가 자연 검색 결과라고 생각할 수 있으나 우측상단을 보면 청바지 관련 광고 상품임을 알 수 있습니다. 이는 광고에 의한 인위적인 공간으로 '파워상품'이라고 하며, 검색 빈도가 유독 높은 의류, 잡화 등 특정 카테고리에 한정되어 있어 모든 검색어에 반응하는 광고상품은 아닙니다.

검색 화면에서 아래로 스크롤하면 다른 광고영역이 표시됩니다. 해당 영역은 네이버에서 전통적으로 해왔던 키워드 검색 광고입니다. 현재는 파워링크로 서비스 중인데 이전에는 텍스트 위주의 단순한 광고였다면 PC 유입량의 감소와 스마트폰에서의 주목도 저하로 이미지 영역과 설명 부분에 다양한 정보를 넣을 수 있도록 확장 되었습니다.

파워링크는 대개 인기 키워드인 경우 첫 페이지에 3개의 광고상품이 노출됩니다. 그리고 비교적 검색량이 떨어지는 경우는 첫 페이지에 5개 정도의 상품이 노출되며, 나머지 광고 상품들은 '더보기'를 클릭해야 볼 수 있습니다. 최근에는 인기키워드 검색결과수가 1개

늘어나서 4개도 노출되는데, 이것이 더 늘어날지 아니면 기존처럼 3개로 돌아갈지 변동이 있을 수 있음을 밝혀둡니다.

파워링크 아래 비로소 네이버쇼핑이 나타납니다. 어김없이 최상단에는 '네이버쇼핑 검색 광고'라는 별도의 영역이 있습니다.

키워드 조회량에 따라 광고량이 차이가 나는데, 단독 노출이 될 경우 곧바로 상세설명에 진입할 수 있어 구매전환율이 높아지지만 그만큼 광고비가 비례하여 증가하게 됩니다. 지금까지 소개된 광고영역 중 비교적 광고하는 자들의 만족도가 높은 편에 속합니다.

모바일 검색결과의 상품 썸네일입니다. 화면의 우측 하단에 위치해 있는 '리바이스 남성 511 슬림일자' 화면을 보면 판매처가 430곳임을 알 수 있습니다. 지금 '설마 동일한 상품을 판매하는 상점이 430개인가?'라고 생각하는 분들이 있을 수 있는데, 정확히 보셨습니다. 동일한 상품을 등록하여 판매하고 있는 업체수로, 상점주 입장에서 경쟁자가 본인을 제외하고 429개나 있다는 말입니다.

네이버는 '매칭서비스'라고 하여 가격비교를 한눈에 볼 수 있도록 하고 있는데, 네이버쇼핑에 상품을 노출하는 판매자 입장에서는 그리 달갑지 않은 상황이긴 합니다.

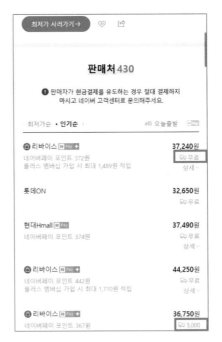

▶ 검색 된 상품 클릭했을 때 화면

상품을 클릭하면 부가적인 정보가 나오고, 아래로 스와이프 하면 판매 정보가 나오게 됩니다. 화면을 빠르게 훑어 보게 되면 화면 하단의 상품이 최저가로 보이는데 배송비를 잘보면 3,000원이 추가되는 것을 볼 수 있습니다. 결국 판매가는 최저이지만 총비용으로따지면 최저가는 아닌 셈입니다. 이런 식으로 상품을 취급하는 판매자를 구분하지 않고, 상품별로 검색결과가 모이는 것에 대해 여러 해석이 있는데, 크게 보면 긍정과 부정, 두가지 타입으로 묶을 수 있습니다. 누구는 묶이고 싶어 안달이고 누구는 벗어나지 못해 난리라는 말이 되는데 사실 최저가가 아니면 매칭서비스 내에서 판매하기란 쉽지 않을 것입니다. 최저가로 제시할 수 있으면 판매율이 높아지긴 하겠지만 마진을 생각하지 않을 수 없기 때문에 가격 제시에 신중할 수밖에 없습니다.

MAKESHOP

M

PART 2

네이버쇼핑의 가격비교 전략 이해

네이버쇼핑의 대표 서비스인 가격 비교 매칭서비스에 대해
알아보고, 판매자 입장에서 이를 똑똑하게 사용할 수 있도록
매칭 서비스 분석 기준에 대해 배워보겠습니다.

네이버쇼핑 매칭서비스

네이버쇼핑의 여러 기능 중 하나가 최저가 검색을 용이하게 하는 가격비교입니다. 소비자에게는 가성비 구매에 좋은 영향을 미치지만 그만큼 판매자에게는 반갑지 않은 일입니다. 이를 네이버에서는 '매칭서비스'라고 합니다. 당연히 매출이 꾸준한 판매자들은 반기지 않습니다. 매출이 있는 판매자들을 한 데 묶어 비교를 하면 최저가 판매자 독식 구조가 되기 때문입니다. 그런데 네이버에서는 이를 포기하기 어렵죠. 리뷰도 같이 묶이기 때문에 그것이 주는 부수효과도 만만치 않기 때문입니다. 때문에 매출이 꾸준한 판매자는 매칭서비스에 자신의 상품이 같이 비교되어 노출되면 어떻게 해서라도 '탈출'하려 안간힘을 씁니다. 상품명, 상세설명, 가격 등을 수정하는 방법을 쓰지만 사실 이정도로는 매칭서비스에서 제외되기 어렵습니다.

한편 매출이 없는 판매자들에게는 오히려 매칭서비스가 득이 되는 경우가 있습니다. 그래서 매칭서비스를 적극 활용하려 하는데, 대표적으로 자신의 상품을 일부러 다른 판매자의 상품과 매칭시키는 방법을 사용합니다. 이때 대개 최저가로 판매가격을 설정합니다. 100% 확실한 것은 아니지만 이 방법은 비교적 기존 판매자들과 잘 매칭되는 경향이 있습니다. 다만, 최저가를 감당할 수 있는 판매자여야 합니다. 일정기간 동안 최저가로 제공하다 가격을 수정하는 경우는 A.I가 이를 스캐닝하여 노출 순위를 내리기도 하기 때문입니다.

다음으로 옥션, 지마켓, 11번가, 소셜커머스 채널 등 여러 판매 채널에 동일한 상품을 등록하고 그 중 하나의 채널에만 판매가격을 가장 최저가로 하는 방식으로 매칭을 유도하는 방법이 있습니다. 이 경우 노출되는 순서가 올라가는 장점이 있긴 하지만 내가 설정한 상품들끼리 매칭된다는 보장을 하기 어렵습니다. 그 과정에서 다른 판매자와 애매하게 섞일수도 있고, 나보다 더 저렴하게 판매하는 판매자들과 매칭되어 남 좋은 일을 시켜주는 일도 발생합니다.

네이버 쇼핑은 알고리즘이 시시각각 변하는 경우가 잦습니다. 그래서 어떤 특정 방식으로 판매를 계속 진행하기 어렵습니다. 그만큼 판매예측이 불명확하다는 것인데 초보 판매자들에게는 상당한 부담이 됩니다. 최근 몰라보게 빠른 속도로 성장한 네이버 A.I도 이러한 불확실함을 더하고 있습니다. 알고리즘이 수정될 때 마다 적용 가이드라인이 달라지기 때문이죠. 네이버에서 매칭서비스의 기준을 명확히 밝히고 있지는 않지만 지금까지 파악한 최선의 추정치는 다음과 같습니다.

❶ 특정 모델번호를 기입

▶ 여성 의류 브랜드에서 전국 매장의 동일한 상품이 등록되어 매칭된 사례

위의 이미지는 브랜드 '로엠'에서 여성 스커트가 매칭된 경우입니다. 아래 매칭(묶여 있는 리스트)서비스를 보면 '로엠' 브랜드의 각 판매점들이 모여 있음을 알 수 있습니다. 가격 차이도 크지 않은 비슷한 수준입니다. 이 중 '뉴코아 강남 로엠'을 클릭해 보도록 하겠습니다.

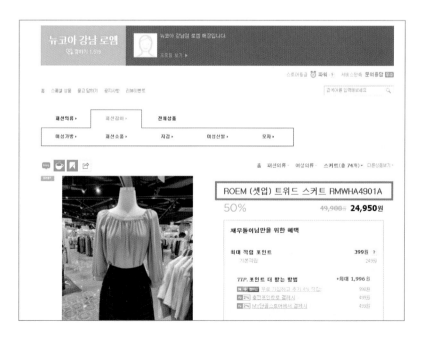

다음은 송우점의 판매페이지 입니다.

언뜻 보면 같은 상품으로 보기는 어렵습니다. 이미지도 각 지점에서 따로 촬영하여 다르게 구성이 되어 있고 대표 이미지의 상품 컬러도 다릅니다. 동일한 사진이 아니기 때문에 같은 상품으로 묶일 이유가 없어 보이지만 상품명을 들여다보면 특정 일련번호가 동일함을 알 수 있습니다. 브랜드의 재고관리상 품목번호가 기입되어 있어야 주문발주 시 배송편의를 높일 수 있긴 합니다. 그런데 문제는 가격비교에 노출되기 때문에 최저가 매장만 어부지리로 매출을 올리게 됩니다.

금남로 지점에서 올린 동일한 상품의 스커트 구매 페이지를 살펴보겠습니다. 역시나 구성은 다른 판매점과 다르나, 상품번호는 다른 상점과 동일하게 토씨 하나 틀리지 않고 상품명에 삽입되어 있습니다. 이 때문에 브랜드의 집체 교육을 진행하다 보면 지점별 직원들의 볼멘소리를 많이 들을 수가 있습니다. 대체적으로 본사나 입점사(백화점, 아울렛 등)에서 인터넷에 상품을 등록하라는 지시가 강제적인 경우가 많은데, 시간을 들여 등록을 해놓으면 막상 매출은 오르지 않기 때문입니다. 직원 입장에서는 할 일만 늘어난 셈입니다. 그런데 주문이 들어오기 시작하면 오픈 매장의 하루 판매량보다 많을 때가 있어 어느 장단에 맞춰 춤을 춰야 할지 어렵다 합니다. 그 때마다 늘 당부하는 말은 바로 '특정 모델 번호를 브랜드에 삽입하지 말 것'입니다. 모델 번호를 삽입하는 순간 네이버쇼핑에 노출 시 바로 매칭서비스에 묶이기 때문입니다.

비록 위의 상황이 추정하는 내용이나, 이 특정 모델번호를 상품명에 기입하는 상황은 네이버 A.I에게 좋은 학습대상이 된 것 같습니다. 특정 모델번호 등이 삽입된 상품명들의 상관관계를 A.I가 학습하였기에, 이제는 특정 모델번호가 없는 경우라도 비슷한 패턴이라면 이 역시 매칭서비스에 포함되는 식입니다.

❷ 동일한 이미지를 여러 판매자가 함께 사용하는 경우

TV, 세탁기, 냉장고 등의 대형가전 혹은 스마트폰, 스마트워치 등 언박싱 자체가 특정 이벤트가 될 정도인 상품같은 경우는 포장을 뜯으면 현저히 가치가 감가 되는 상품들입니다. 이럴 때는 상품촬영에 한계가 있기 때문에 브랜드의 특정 이미지를 사용하는 경우가 대부분이긴 합니다. 브랜드 상품들은 그렇지 않은 상품에 비해 최저가 비교가 거의 전부입니다. 당연히 네이버쇼핑도 매칭서비스를 통해 열심히 최저가 비교를 하고 있기는 합니다. 해외직구, 식재료, 전속 모델이 있는 이미지 등도 매칭서비스의 대상인데, 이때 되도록 네이버쇼핑은 많은 상품을 보여주고 싶어합니다.

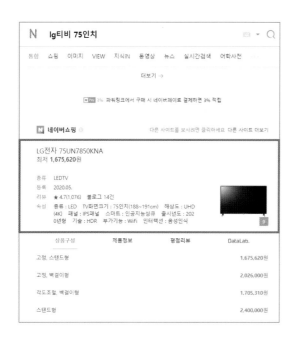

이전 이미지는 특정 브랜드의 75인치 TV를 검색하였을 때 나타나는 결과 화면입니다. 75인치의 동일 LG모델 중 현재 가장 인기있는 상품을 선별해 보여주고 있습니다.

상품을 클릭하면 각 판매채널별 가격이 나오며, 현재 11번가에서 '고정, 스탠드형' 모델이 가장 저렴함을 알 수 있습니다. 그렇다면 브랜드가 아닌 경우는 어떻게 매칭서비스가 되는 걸까요? 다음 설명으로 알아보도록 하겠습니다.

❸ 상세설명이 달라도 일부 이미지가 다른 판매자와 함께 쓰이는 경우

'소프 골지 울 니트 밴딩 트임 스커트'라는 상품을 살펴보면 판매처 22곳이 매칭서비스 되고 있음을 알 수 있습니다.

언뜻 봐도 판매자명이 다름을 알 수 있는데 이전에 언급했듯이 드물지만 사업자명을 달리하여 동일 상품을 복수 등록하는 사례도 있습니다. 브랜드 상품처럼 특정 모델번호가 기입되지 않았는데도 이전 화면처럼 묶이는 경우입니다. 이는 A.I가 특정 이미지를 공유하는 것을 추적해 묶는 경우로 볼 수 있습니다.

위 이미지의 좌측은 엘*이라는 판매자의 이미지 중 하나이고, 우측은 또 다른 판매자, 소녀**의 이미지입니다. 두 판매자의 상품 설명에 동일한 이미지가 사용되었음을 알 수 있습니다.

두 판매자의 상세설명을 보면 설명 텍스트와 이미지 전개가 다릅니다. 한 판매자는 상품 위주의 옷을 촬영하였고, 다른 판매자는 직접 착용한 피팅컷을 보여주고 있습니다. 아무래도 피팅모델이 있는 판매자가 사진촬영이나 후보정 등에 시간과 비용을 더 소모했을 것입니다. 그러나 다른 판매자와 동일한 사진 한 장을 사용한 것으로 노력한 시간과 들인 비용을 고스란히 본인보다 저렴하게 파는 판매자에게 바치는 셈이 될 수 있습니다. 매칭서비스로 묶인 판매자들을 둘러본 후 결국 가격이 조금이라도 저렴한 곳에서 소비자는 결제를 진행할 것이 뻔하기 때문입니다.

위 좌측 이미지를 살펴보도록 하겠습니다. 매칭서비스 결과화면 세번째로 노출된 모코** 상점의 판매 화면인데, 구매리뷰가 0건으로 나타납니다. 절대적인 것은 아니지만 리뷰수가 적은 것은 그만큼 판매가 이루어지지 않았다는 반증이기도 합니다. 역시나 이 모코** 상점의 상세설명을 살펴보면 일부 이미지를 다른 판매처와 동일하게 사용한 것을 알 수 있습니다.

A.I 러닝속도는 확실히 예상보다 빠른데, 2019년도부터 간헐적으로 보이던 패턴이 2020년도부터는 매우 높은 빈도로 나타났고, 거기에 새롭게 매칭하는 기술이 생겨나기 시작했습니다.

여성 스커트의 검색결과 중 '오조이 30% 플리츠'로 시작하는 상품을 클릭해 보겠습니다.
판매처가 3곳으로 나옵니다.

매칭서비스 중인 상품을 클릭하면 맨 윗 상단에 A.I가 유사한 상품을 묶어 두었다는 설명
이 있습니다. 그리고 해당 상품 이미지의 썸네일 하단을 보면 리뷰수가 자그마치 8,000
건에 이르고 있음을 알 수 있는데, 위 이미지를 좀 더 자세히 보도록 하겠습니다.

'오조* 울 30% 플리츠 모직 롱 밴딩 스커트' 상품명 아래의 가격 정보에는 '최저 12,000 원'이 붉은 글씨로 강조되어 있고 판매자는 '더오***'로 나와 있습니다. 판매자 리스트에 '오조*' 상점이 있는 것을 보면 이 스커트 상품명의 '오조*'는 브랜드를 나타내는 것 같습니다. 다시 한번 앞 이미지의 판매자 리스트를 살펴보겠습니다. '오조*'라는 판매상품이 상위에 랭크되어 있죠? 아직까지는 '오조*' 판매자가 리뷰수, 클릭수, 구매수 등 랭킹 점수가 높아서 그렇습니다. '더오***' 판매자는 하단에 랭크되어 있지만 네이버는 최저가 판매자라는 데이터를 근거로 상위노출을 시켜주며 클릭을 아예 대놓고 유도하고 있습니다. 이런 현상이 지속될 경우 '오조*' 판매자는 어느 순간 잘 팔리던 상품의 주문량이 뚝 떨어지는 현상을 겪게 될 것입니다.

▶ 본래 판매량이 많았던 '오조*' 판매자의
　스커트 상세설명

▶ '더오***'의 스커트 상세설명 일부

두 판매자의 상세설명을 자세히 살펴본 결과 두 판매자의 상세설명 콘셉트는 확연하게 달랐습니다. '더오***'는 상세설명의 대부분을 검정 스커트 착용컷으로 진행하되 대표 이미지만 초록 스커트 착용컷으로 걸어두었습니다. 그리고 설명 하단에 옷걸이에 걸어둔 색상별 스커트의 사진을 덧붙여 놓았습니다.

울혼방 플리츠 롱스커트
★★★★ 17건 리뷰 더보기
25% ~~16,000원~~ **12,000**원

| N 구매하기 | 장바구니 담기 | 🎁 선물하기 |

상황이 이러면 '오조*'는 상당히 억울한 상황이 됩니다. 왜 '오조*' 판매자가 상세설명 상단에 타사제품과 비교하는 설명글을 넣고 강조하였는지 이해가 되는 부분입니다. '오조*'처럼 매칭서비스로 피해를 보는 판매자가 적지 않게 발생하는데도 네이버는 이런 A.I 서비스를 계속 진행할 것으로 보입니다. 네이버 입장에서는 이용자의 유입량과 체류시간을 늘리거나 혹은 유지하는 것이 중요하기 때문에 특정 판매자의 매출이 희생이 된다 해도 소비자를 끌어들일 수만 있다면 이런 서비스를 계속 유지할 것입니다. 앞서 지적했듯, 네이버는 지그재그, 에이블리, 브랜디 등의 앱마켓에게 여성의류 시장을 잠식당하는 것에 위기감을 느끼고 있기 때문입니다.

TIP 상품 이미지에 대한 저작권 이슈

하나의 이슈가 더 있습니다. 경쟁 판매자가 저작권이슈★에도 불구하고 의도적으로 기존 판매자의 상품 이미지를 복사하여 사용하는 경우입니다. 같은 이미지를 사용하는 경우에는 매칭될 확률이 높다는 것을 역이용하는 사례인데 신규진입 판매자가 최저가로 가격을 설정하면, 기존 판매자가 애써 만든 울타리에 늑대가 넘어오는 식이라 매출 타격을 그대로 입게 됩니다. 이미지 도용의 경우 대부분의 판매자는 저작권침해를 받았다고 생각하게 되는데 상황이 생각했던 것처럼 흘러가지 않아 더 답답해 집니다.

저작권이슈⭐

저작권법은 인간의 감정, 사상 등이 표현된 결과물에 대한 권리로, 크게 저작인격권과 저작재산권으로 구분됩니다. 이외 작사, 작곡가의 곡을 실연하는 경우 또는 드라마에 출연하는 연기자 등 타인의 저작물을 실연하여 저작권리에 인접하는 권리를 획득하는 경우 이를 저작인접권이라고 합니다.

위 이미지는 나이키 '에어맥스 97'의 여러 모델이 검색된 화면입니다. 언뜻 봐도 촬영한 사진이 꽤 유사하다고 생각될 수 있는데 위의 상품 사진과 같은 유형의 이미지들은 저작권법으로 보호받지 못합니다. 판매 목적으로 촬영된 사진은 저작권리로 볼 수 없다는 대법원의 판례⭐가 있기 때문입니다.

대법원 판례

대법원 2001. 5. 8. 선고 98다43366 판결 [손해배상(기)] [공2001.7.1.(133),1321]
판결요지 중 일부 참고

광고용 카탈로그의 제작을 위하여 제품 자체만을 충실하게 표현한 사진의 창작성을 부인한 사례

검색된 상품 이미지를 그대로 복사하여 자신의 대표 이미지나 상세설명 이미지 일부로 사용하게 되는 경우는 저작권 침해가 되지 않습니다. 다만 민사소송으로 손해배상청구를 할 수 있으나 원고가 소명해야 하는 민사소송의 특성상 이를 구체적으로 증명하기는 쉽지 않습니다. 이런 사실을 아는 경쟁판매자가 의도적으로 매칭서비스로 인한 최저가 노출을 노려 동일 이미지를 사용하는 경우 즉각적인 대응이 쉽지 않습니다. 다만 다음의 경우는 해석이 달리 될 수 있습니다.

위 이미지 중 여러 컬레의 나이키 신발이 있는 사진들을 볼 수 있는데 이 경우 편집한 행위에 대해 편집 저작권으로 권리를 인정 받을 수 있습니다. 상세설명 역시 이런 이유로 이미지의 배치와 설명의 순서 등이 제작자의 창작행위로 인한 편집 저작물이 되기 때문에 저작권을 인정받을 수 있습니다.

만약 타 경쟁자가 위 편집된 이미지를 그대로 복사하여 자신의 목록 이미지나 혹은 상세설명에 사용하였고, 그것이 매칭서비스에 묶여 나오게 될 경우 본래의 이미지 소유자인 판매자가 자신의 이미지 무단 사용에 대한 저작권침해를 주장할 수 있습니다. 저작권리는 산업재산권과 달리 최소한의 창작성만 파악될 정도면 당연권리가 되는데 등록요건 역시 의무사항이 아니어서 소명할 수 있는 근거만 있으면 고소를 진행할 수 있습니다. 그러나 전자상거래에서 이런 저작권 침해분쟁이 잦아지기 시작하며 의도치 않은 실수에 대한 선의의 피해자도 증가함에 따라 다소 처벌을 완화하는 등의 일부 개정*이 진행되어 21년 6월부터 시행되고 있으니 참고하기 바랍니다.

저작권법 개정*

[시행 2021. 6. 9.] [법률 제17588호, 2020. 12. 8., 일부개정]

◇ 개정이유 및 주요 내용

분산된 저작권 보호기능을 일원화하기 위하여 한국저작권보호원을 설립하여 한국저작권위원회와 (구)저작권보호센터의 기능을 통합했으나, 기능 통합 후에도 한국저작권위원회에서 해외 저작권 보호 기능을 수행함으로써 한국저작권보호원과 기능 중복 및 비효율이 발생하고 있는바, 한국저작권위원회에 남아있는 저작권 보호 관련 기능을 한국저작권보호원이 수행하도록 통합함으로써 보다 효율적인 침해 대응 체계를 구축하고 대외적인 혼란을 해소하려는 것임.

또한 저작권 보호 시 사후적인 침해 대응보다 사전적 예방적 보호의 중요성이 대두되고 있는 만큼 한국저작권보호원이 저작권 보호를 위한 연구 교육 및 홍보를 할 수 있는 법적 근거를 마련하고, 한국저작권보호원이 저작권 보호 업무의 효율적인 수행을 위하여 국내외의 필요한 곳에 사무소 지사 또는 주재원을 둘 수 있는 근거를 마련하려는 것임.

<법제처 제공>

PART 3

네이버쇼핑
매칭서비스 대응하기

네이버쇼핑의 매칭서비스를 적극 활용하는 판매자들은 어떻게 판매 전략을 짜는지 알아보고, 반대로 매칭서비스를 활용하지 않고 네이버쇼핑에서 상위 노출하기 위해 어떤 전략을 사용하고 있는지 이번 장에서 살펴보도록 하겠습니다.

매칭서비스를 적극적으로 활용하기

앞서 간략히 설명하였지만, 많은 판매자 분들이 네이버의 매칭서비스에 대해 찬반양론을 내놓습니다. 우선 찬성하는 입장에 대해 살펴보겠습니다.

① 본인이 최저가로 판매가 가능하면 상위 노출이 될 수 있기 때문에 소비자 유입을 좋게 할 수 있다.
② 본인이 여러 판매 채널에 상품을 등록하여 매칭되는 것을 노리는 경우, 스마트스토어의 판매 가격을 가장 저렴하게 설정하여 네이버 상품 검색결과 상위노출을 유도한다.

크게 두 가지 의견으로 줄일 수 있는데 꽤 설득력이 있습니다. 그러나 위 의견 중 두번째 경우, 초기 판매자들이 여러 채널에 상품을 등록하고 관리하는 것 자체가 결코 쉬운 일이 아닙니다. 무엇보다 판매자가 의도한 상품들끼리 매칭된다는 보장이 없습니다. 알고리즘은 상시 변하니까요. 그럼에도 불구하고 나름 성공적인 사례를 공유해보겠습니다.

2,151건의 리뷰가 있는 판매자 '허니**'의 여성스커트 입니다. 이미지 상단 붉은 박스를 보면 여지없이 네이버에서 A.I가 검색 값을 토대로 한 유사상품을 모았다고 설명이 나와있습니다. 매칭서비스 가능성을 알리고 있는 메시지입니다.

7개의 상품이 모두 '허니**'의 판매자명으로 각 판매채널(스마트스토어, 롯데on, 쿠팡, 신세계 등)에 입점한 사례입니다. 리스트 최상단의 판매자에게 옷걸이 마크가 표시되는 것은 네이버 오프라인 판매자를 위한 서비스 '윈도우' 중 '스타일 윈도우'에 상품이 노출되고 있음을 나타냅니다. 결국 동일한 판매자입니다. 이런 식으로 다채널 상품 등록 후 판매를 하여 네이버 상위 검색결과를 얻는 판매자가 존재하며, 이 경우 다른 판매자와 직접 비교될 수 있는 확률이 낮아지므로 규모 있는 매출을 꾸준히 유지할 수 있을 것입니다. 이는 매칭서비스를 잘 활용한 사례가 될 수 있습니다.

매칭서비스가 아닌 주력상품을 활용하기

매칭서비스의 변수가 걱정이라면 아예 매칭서비스에 관심을 끊는 방법도 있습니다. 판매채널 하나에만 상품을 등록하고 집중하는 건데 초보 판매자분에게 추천합니다. 다만 이 방식은 소비자가 상품검색 후 접하게 될 상품 검색결과에서 해당 판매자의 노출 순위를 어떻게 올릴지에 대한 이해가 필요합니다.

❶ 클릭수를 분산하는 것보다 하나의 상품에 집중하는 것이 순위 상승이 빠르다.

네이버쇼핑은 물론 포털사이트, 그리고 유튜브에서 가장 중요한 순위 상승 요인은 클릭수입니다(유튜브는 이를 조회수라 하고, 페이스북과 인스타의 경우는 해당 피드를 보는 행위를 말한다).

위 이미지는 앞서 사례로 제시한 '여성스커트'의 또 다른 검색 화면입니다. '플리츠 주름 니트 롱 스커트' 상품은 판매처가 51개로 되어 있는 반면 바로 옆의 '겨울출근템 오피스룩 H라인 정장 린넨 스커트' 상품은 '네**' 판매자 단독으로 순위에 랭크 되어 있습니다. 이는 '네**' 판매자가 만든 노출 순위가 51곳의 판매자들이 합쳐서 만든 노출순위와 동률이라는 것을 의미합니다(엄밀히 말하면 51개의 판매처 묶음이 1등, 그리고 네** 판매자가 2등입니다).

② **판매량과 리뷰도 하나의 판매채널로 모으는 것이 순위 상승에 도움이 된다.**

클릭을 통해 노출 순위를 올리는 방법 이상으로 효과가 좋은 것이 실판매량 입니다. 판매가 많다는 것은 소비자의 체류시간을 증가시킨다는 의미 외에도 결제가 진행될 때마다 네이버쇼핑의 수수료 수익도 비례되기 때문에 노출 순위에 좋은 점수를 받게 됩니다.

네이버쇼핑은 소비자들의 체류시간을 늘리기 위해 여러 유인책을 두고 있는데 리뷰가 바로 그 중 하나입니다. 이 둘의 관계성에 즉각적인 이해가 어렵기 때문에 지면 할애를 좀 더 하여 설명을 하고자 합니다.

바로 앞서 보았던 이미지를 다시 한 번 보도록 하겠습니다. '네**' 판매자의 상품 하단을 보면 리뷰수가 999개를 넘어가고 있음을 알 수 있는데 네이버쇼핑에서 표기되는 리뷰수 최대치가 999개이기 때문에 '999+'로 표기 되는 것이지 실제 작성된 리뷰수는 999개 이상을 의미합니다.

해당 상품을 클릭하면 리뷰 작성수는 더 늘어나 3,687건으로 표기되는데, 실제 판매된 수량은 보통 리뷰수의 1.5배 ~ 6배로 보면 됩니다. 리뷰량이 많으면 소비자 입장에서 상품에 대한 검증을 할 수 있는 기회가 늘어나는 것이고, 소비자가 리뷰를 일일이 클릭하여 확인하다 보면 당연히 해당 사이트 영역 내에서 체류시간이 늘어날 수밖에 없습니다. 체류시간은 광고상품의 단가를 올릴 뿐만 아니라 포털사이트에서 매우 중요한 수치인 누적사용

시간, 유입량 등의 활동성에 좋은 지표를 주므로 네이버쇼핑 입장에서 리뷰수가 많은 상품은 두 손들고 환영할 일이 됩니다. 그래서 리뷰가 많은 상품을 상위에 노출시키고자 합니다.

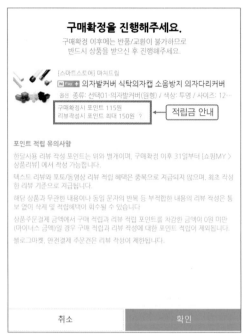

현재 네이버는 리뷰수 증가에 매우 공을 들이고 있습니다. 그래서 상품에 대해 매우 구체적인 정보를 제공하고 있는데 그 중 구매리뷰는 소셜커머스, 오픈마켓 등을 가리지 않고 수집하여 나열합니다. 스마트스토어에서 구매한 경우 네이버가 별도의 마일리지를 지급하여 포토리뷰를 작성하도록 적극적인 유도를 하는 것도 기존 구매자의 경험 콘텐츠가 잠재 소비자 유입과 체류에 결정적인 역할을 하기 때문입니다.

위 우측 이미지는 실제 상품 구매 후 배송완료 된 상품의 구매정보 화면입니다. 구매확정을 하면 마일리지가, 리뷰작성을 하면 별도 마일리지가 적립됨을 안내하고 리뷰 작성을 유도하고 있습니다. 이렇게 적립된 네이버포인트는 스마트스토어 또는 N페이를 사용하는 자사몰에서 카테고리와 판매자를 가리지 않고 통합으로 사용할 수 있어 충성고객군이 계속 증가하고 있습니다.

구매확정을 클릭하면 리뷰 작성을 유도하는 적극적인 메시지가 나타납니다. 동영상이나 포토를 첨부해야 추가 적립금이 지급된다는 것을 페이지 상단과 하단에서 반복하고 있습니다. 기존에는 텍스트로만 리뷰를 남겨도 마일리지를 지급하였는데 지금 변경이 된 상태입니다.

▶ 추가 비용이 있으나, 판매자는 우호적인 리뷰를 적극 사용하여 홍보 콘텐츠로 활용할 수 있다.

판매자가 특정 리뷰를 선택하여 추가 마일리지를 제공하는 경우도 있습니다. 리뷰에 고관여하는 경우의 수를 늘리기 위함인데 판매자는 작성자의 리뷰를 홍보수단으로 활용할 수 있고, 또 작성자는 추가 적립금을 제공받기 때문에 상호간 반응이 좋습니다.

구글 지역 가이드에서 사용하는 방법으로 내가 작성한 리뷰를 얼마나 많은 사람들이 보고 도움을 받았는지 알림으로 알려주고 있는데, 네이버도 동일한 서비스를 제공하고 있습니다. 리뷰에 적극적인 태도를 보이는 구매자들에게 꾸준한 인사이트를 주어 리뷰 전문가의 롤을 부여해주고 있습니다.

위 이미지 하단에 '좋아요' 클릭수가 나오고 있는데, 특정 반응이 있을 때마다 리뷰 제공자에게 알려주고 있어 리뷰 작성에 대한 동기부여를 주기도 합니다. 하나 더 있습니다. 이쯤이면 네이버의 리뷰수집에 대한 노력이 눈물겹다 할 정도입니다.

구매 만족도를 나타내는 별 표기 아래를 보면 [한달 사용 후기]가 보입니다. 말그대로 사용 한지 한달이 지난 구매자가 리뷰를 작성하는 공간으로 추가 적립금을 지급함으로써 후기 작성을 하도록 독려합니다. 아직까지 네이버 외에는 제공하지 않는 서비스라 네이버쇼핑에서 구매를 할 경우 상품을 사려는 구매자들이 한달 사용 후기라는 추가 된 검증 내용을 볼 수 있습니다. 그리고 네이버쇼핑 체류시간 증가에 상당한 역할을 하고 있음은 물론입니다. 리뷰는 네이버가 애지중지하는 서비스인만큼 되도록 한 판매채널에 상품을 등록하여 리뷰를 모으는 것이 좋을 수 있습니다. 하지만 아래와 같은 한계점 또한 존재하니 참고하기 바랍니다.

– 내 판매 리뷰가 다른 판매자의 리뷰와 합쳐질 수 있다(매칭).
– 네이버가 아닌 다른 채널(ex 오픈마켓, 입점몰, 소셜커머스 등)의 경우 [한달 사용 후기] 리뷰
　가 제공되지 않는다.
– N페이를 적용하지 않는 경우 리뷰수가 현격히 감소한다.

PART 4

왜 상품리뷰가
중요할까

이번 장에서는 검색 결과에 상품리뷰가 어떤 영향을
줄 수 있는지, 그리고 네이버 A.I는 이를 어떤 식으로
분석하는지 알아보도록 하겠습니다.

리뷰가 만들어 주는 매출

익숙하지 않은 주제입니다만 리뷰들이 분석되어 특정 상품 검색결과에 반영되는 경우가 있습니다. 특정 키워드가 꾸준히 검색되면 이런 키워드들이 포함되어 있는 상품들을 카테고리에 국한하지 않고 다양한 상품 검색결과에 반영하는 방식입니다. 네이버는 A.I가 다양한 방식으로 검색키워드 패턴을 분석합니다. 특히 수수료 수익이 발생하는 네이버쇼핑의 검색패턴도 분석 대상이 되며, 그 결과물을 다양한 공간에 노출시키고 있습니다.

위 이미지는 카카오의 '선물하기'에 대응하기 위한 것으로 보이는 서비스, '네이버 선물하기'입니다(본서에서 다루는 다음의 내용은 글쓴이의 추정이므로 참고 바랍니다).

다음은 네이버에서 '신혼부부 선물' 키워드를 검색한 결과인데, 눈여겨 볼 부분이 있습니다.

	연관키워드 ⓘ		월간검색수 ⓘ		월평균클릭수 ⓘ		월평균클릭률 ⓘ		경쟁정도 ⓘ	월평균노출 광고수 ⓘ
전체추가			PC	모바일	PC	모바일	PC	모바일		
추가	신혼부부선물		1,510	8,240	3.1	5.7	0.21%	0.08%	높음	15
추가	어르기닌		14,500	83,800	71.9	1,258.4	0.51%	1.62%	높음	15
추가	집들이선물		17,600	115,900	15	280.3	0.09%	0.26%	높음	15
추가	졸업식꽃다발		4,090	28,700	22.3	615	0.57%	2.28%	높음	15

모바일의 월간 조회량이 8,240회로 이 정도의 검색수면 아래 이미지의 바지상품처럼 '네이버쇼핑 검색광고'가 노출되는 것이 정상입니다(참고로 '여자바지'로 검색했을 때 모바일 월간 검색조회수가 6,150회 정도였습니다).

▶ 모바일 검색 월 조회수 6,510회인 여자바지 검색 결과에 나온 광고 상품

'신혼부부선물' 키워드 검색결과에서 '집들이 선물'의 모바일 조회수는 월기준 115,900회입니다. 이정도 수치면 광고가치가 상당한 키워드인데 네이버쇼핑 내에서 광고가 진행되고 있는지 확인해 보겠습니다.

특이하게도 광고상품이 나타나지 않습니다. 다만 우측 상단에 'by AiTEMS'라는 검색결과 근거를 제공하고 있는데 이는 네이버의 인공지능이 연산하여 검색결과를 노출했다는 의미입니다.

에이아이템즈는 우선 수억 개의 상품 중 일차적으로 이용자 집합의 취향과 대표적으로 어울리는 추천상품 후보들을 수천 개 추려냅니다. 그 후, 인공신경망 기반 추천 모델을 통해 이용자의 쇼핑 관련 이력과 상품 메타정보가 반영된 개인별 맞춤 상품을 추천해 주는 방식으로 작동합니다.

이용자의 이력에는 **상품 검색/클릭 로그, 구매 로그** 등 쇼핑 관련 로그가 반영됩니다. 상품 메타 정보의 경우 **상품명, 카테고리명, 가격대, 판매처명, 상품ID** 등의 텍스트 정보와 **상품 이미지 정보**를 모두 활용합니다. 이미지 정보는 텍스트 정보들과 결합해 활용될 수 있도록 인공신경망의 하나인 컨볼루션 신경망(CNN)을 이용해 변환한 후 사용합니다.

▶ 에이아이템즈 설명글 일부

이전 이미지는 에이아이템즈 설명글 일부인데, 단번에 이해를 하기는 쉽지 않습니다. 간단하게 한 줄로 요약하자면 '알고리즘의 행과 열 연산'을 통해 특정 검색어에 높은 연관성을 보여준다는 설명입니다. 그래도 이해가 쉽게 가지 않습니다.

스마트스토어 운영자 사이의 꾸준한 이슈 중 하나가 네이버 A.I의 상세설명 스캐닝입니다. A.I가 크롤링을 할 때 블로그 형식의 상세설명을 선호하는데 그 이유가 편집기로 쓰인 상품설명의 상품명, 이미지 등을 복합연산하여 이를 검색결과에 반영하기 때문입니다. 그런데 정작 네이버 해당팀에서 그런 행위가 없다고 설명을 해주었다며, 몇몇 판매자의 의견이 충돌하고 있어 무엇이 참이고 거짓인지 진위파악이 어려운 상황입니다. 그러나 리뷰만큼은 특정 키워드와 연관성이 높은 편에 속해 A.I의 좋은 분석 먹잇감이 된다는 것이 글쓴이의 생각입니다.

TIP 합리적인 추정임을 밝히는 이유

대부분의 IT기업에게 해당되는 내용이겠지만 기업의 내부정보를 외부에 밝히기는 쉽지 않습니다. 경쟁자의 벤치마킹 타겟이 될 수 있고, 그 정보를 역이용하는 소비자의 변이적 행동을 예측하기도 어렵기 때문입니다(ex 아마존의 특정 국가 유저의 변칙금융행태를 막기 위해 제정하는 추가적인 가이드라인). 그렇기 때문에 기업들은 아주 원칙적인 내용 또는 제한적인 결과를 공유하는 방식의 공개가 효과적일 수밖에 없습니다.

그렇다면 '합리적 추정치'를 파악하는 것이 중요해 집니다. 판매자의 여러 경험된 데이터를 공유받고 그 대응점을 같이 파악하는 방식입니다. 여기서 한 가지 중요한 점은 공개된 데이터와 방향성이 현실과 맞지 않는 경우가 종종 있는 것인데 이 부분은 기업 입장에서는 이해가 됩니다. 어떤 실험적 프로세스를 진행하면 그 결과값이 당사자에게 예상치 못한 방향으로 진행되는 경우, 기업은 변화된 정책으로 발표하기도 하고 때로는 원상태로 회귀하여 하던 방식대로의 궤도를 유지하기도 합니다.

개인적인 생각으로는 '베타 서비스'로 실행하기 전 '세타 서비스' 또는 '감마 서비스'의 우선순위로 내부적 테스트 절차가 빈번하게 있었을 것입니다. 다만 시스템 안정화가 완벽하지 못하여 오류 등의 프로세스 누수가 다양한 관계 업종(가령, 광고 집행을 해야 하는데 해당 광고가 정상적으로 진행되지 않음을 파악하는 광고대행사, 주문량이 이유 없이 일시적으로 급감하다 상당히 빠른 시간에 원상 복구되는 판매자, 구매할 때 에러가 나는 소비자 등)에서 파악되고 공유됩니다. 당연히 이 부분은 당사자들에게 문제로 인식되어 어떻게 대처할 것이냐가 반복되며 일종의 경험적 데이터가 구축되는데 상당히 설득력 있고 근거 있는 내용이지만 태생적으로 매우 세분화되어 있으며 효과를 내는 기간도 모두가 다 다르기 때문에 어렵습니다.

'집들이 선물'에 랭크되어 있는 맥주거품기 상품의 리뷰를 최신순으로 정렬하였습니다. 여기서 '집들이 선물'이라는 단어가 포함된 리뷰를 볼 수 있는데, 이것은 당연히 '집들이 선물'로 분류된 뒤 작성된 글들입니다.

상품등록 초기에 이 상품의 키워드로 '집들이 선물'이 자리매김할 것이라는 예측을 아무도 할 수 없습니다. 다만 리뷰가 쌓이며 '집들이 선물'이라는 키워드가 수집이 된 것입니다. 이 키워드를 상품명, 검색패턴 등 하나의 '행'으로 두고 결제, 선물배송지 등록 등의 데이터를 '열'로 두어 반복 연산을 하게 됩니다. 그래서 높은 관련도 위주로 검색 결과를 뽑아낼 수 있습니다.

$$x + 2y = x'$$
$$3x + 4y = y'$$

$$\longrightarrow \quad \begin{pmatrix} 1 & 2 \\ 3 & 4 \end{pmatrix} \begin{pmatrix} x \\ y \end{pmatrix} = \begin{pmatrix} x' \\ y' \end{pmatrix}$$

$$5x' + 6y' = x''$$
$$7x' + 8y' = y''$$

$$\longrightarrow \quad \begin{pmatrix} 5 & 6 \\ 7 & 8 \end{pmatrix} \begin{pmatrix} x' \\ y' \end{pmatrix} = \begin{pmatrix} x'' \\ y'' \end{pmatrix}$$

▶ 행렬을 데이터 하나하나로 이해하면 좋다. 이 중 하나의 행 또는 열이 리뷰가 된다.

행렬의 수를 N개로 설정하면 방대한 양의 연산이 반복되고, 여기서 파악되는 오차는 검색자의 패턴에 따라 다시 수정값을 주거나 가중치를 주는 방식으로 하여 '집들이 선물'에 관련성이 높은 상품을 나열하게 됩니다(이러한 연산 방식이 검색엔진의 새로운 지평을 연 구글 창업자 래리 페이지와 세르게이 브린의 검색 알고리즘입니다). 최근에는 이런 A.I 키워드에도 광고가 들어오기 시작하였습니다.

A.I 스캐닝의 대상

상품이 처음으로 등록되고 이용자들이 유입되면 초기 생성데이터는 체류시간, 탐색의 패턴, 그리고 문의(또는 구매)의 순서로 이어집니다. A.I의 체류시간에 대한 분석은 상당히 구체적인데, 사람들이 어느 부분까지 상세설명을 스크롤하여 읽는지, 어느 부분에서 얼마 동안 멈추어 있었는지, 그리고 동영상이 있다면 그 동영상의 어디까지 시청을 했는지 등 모든 행위가 분석된다고 보면 됩니다.

한 번도 판매된 적 없는 상품의 상세설명에 처음 랜딩한 소비자는 대개 어떤 패턴을 보일까요? 최저가가 아니면 곧바로 구매가 이루어지기란 흔하지 않으므로 자연히 질문이 될 확률이 큽니다. 그리고 그 질문의 내용들이 수집됩니다. 올라온 질문에 대한 답변 역시 분석 대상입니다. 묻고 답하기 이후 '찜하기' 혹은 '구매' 등으로 특정 액션이 있다면 이 높은 연관성을 선별하기 위한 연산을 하게 됩니다(질문과 답은 비공개로 이어지는 경우가 많지만 공개된 질문 답변의 경우 다른 소비자들이 보기 때문에 그 만큼 체류시간이 늘어나는 효과가 있습니다. 이러한 수치가 분석에 반영되는 것으로 보입니다).

판매자 입장에서는 분명 신경을 써서 답변을 달아야 하는데 이왕이면 답변이 확장노출이 될 수 있도록 작성하는 것이 좋습니다. 예를 들어, 신혼부부 선물에 대한 질문이 올라오면 신혼부부 선물에 대한 설명과 더불어 집들이 선물에도 추천한다는 식의 글을 작성해 주는 것입니다.

ex) 요즘같은 시국에는 외출도 쉽지 않죠? 그래서 집에서 여가생활을 즐길 수 있는 것들이 신혼부부에게 인기가 많습니다. 빔프로젝트 같은 경우는 집에 영화관 같은 분위기를 만들어줘서 신혼부부에게 더욱 좋은 선물일 것이라 생각됩니다. 그리고 가격대비 스펙도 뛰어나고, 유튜브 같은 영상시청도 가능하기 때문에 집들이 선물로도 많이들 구매하십니다!

문의 답글 이후 소비자가 구매를 하게 되면 구매행위가 하나의 이벤트 데이터가 되고 상세페이지 내에 발생한 전환 행동에 대하여 A.I는 학습을 하게 됩니다(이를 네이버에서는 딥러닝이라 표현하고 있는데 페이스북이나 구글에서 설명하는 머신러닝과 비슷한 개념으로 보면 됩니다). A.I는 리뷰에 표현된 글자의 내용을 파악하고, 최근에는 이미지 감별도 어느 정도의 수준에 이른 것으로 보이는데 다른 유사 판매상품들의 학습결과와 데이터

병합을 반복하여 연관성 여부를 계산하고 노출 및 재분류 하게 됩니다. 쉬운 이해를 돕기 위해 아래와 같은 상황이 순차적으로 발생하였다고 가정한 뒤 설명해 보겠습니다.

상품명에 '소고기 등심' 텍스트 삽입

⇩

상세설명 일부 내용에 '진공포장 후 택배발송'으로 관련 설명 문구 기재

⇩

어떤 구매자가 캠핑용으로 해당 상품을 구매해도 되는지 문의글 작성

⇩

해당 문의글에 캠핑푸드로 가능하다는 답변이 등록되고, 이후 질문자가 구매를 진행

⇩

구매경험이 후기작성으로 이어지고, 캠핑에서의 경험담이 리뷰에 수록

⇩

캠핑 경험담 리뷰에 판매자가 캠핑을 언급하며 댓글을 작성 예) 캠핑장에서 고기를 구우실 때 숯불을 사용하시면 더욱 맛있습니다. 단, 불조절이 어려울 수 있으니 타지 않게 오래 굽지 마세요.

⇩

A.I의 경우 '캠핑푸드'에 대한 새로운 이벤트가 발생했다는 것을 발견

⇩

기존 DB에 쌓여있던 '캠핑푸드'의 빅데이터와 관련도 연산을 시행

⇩

캠핑 음식을 주제로 한 질문과 리뷰가 축적

⇩

A.I는 별도로 캠핑푸드에 해당 상품을 새롭게 노출시키고 새로운 유입을 유도

⇩

결국 판매자는 캠핑푸드에 대한 판매 목적이 없었으나 캠핑푸드에서 유입을 받기 시작하여 추가 주문이 발생

이에 대해 네이버측의 공식적인 발표도 없고, 해당 추정에 대해 부인을 하지만 실제 판매자들의 경험담이 이어지고 있습니다. 이들의 누적된 판매경험으로 볼 때 주문이 줄어들지 않고 꾸준한 확장세에 있는 것으로 보아 앞으로도 주문은 계속 늘어날 것으로 보입니다. 이런 판매자들의 내용을 간단히 두 가지로 정리해 보았습니다.

CASE 1

상세설명에 상품에 대한 구체적인 정보를 추가로 기입하면 이에 대한 질문이 들어온다. 그러면 판매자가 해당 문의 글에 답변을 성실히 작성하고, 이에 만족한 질문자는 구매를 하게 된다.

사실 이 부분은 공공연하게 알려진 것이라 새롭지는 않습니다. 이미 유튜브, 블로그 등 홍보 관련 책에서 다루고 있습니다.

CASE 2

작성된 리뷰에 댓글을 꾸준히 작성한 판매자가 있다. 최근 해당 상품의 판매량이 늘기 시작하는데 뚜렷한 이유는 파악이 어렵다. 특히 불규칙적으로 한번에 많은 양의 주문이 들어올 때가 있는데 통계자료(스마트스토어 판매자인 경우 해당)를 보면 단순 A.I 유입이라는 근거만 제시되어 있다. 그래서 막연하지만 댓글 작성 행위와 연관성이 있음을 느끼고 있다.

이런 이유로 댓글을 작성할 때 단순히 '감사합니다', '더욱 노력하겠습니다' 등의 상투적인 답변은 지양하길 권합니다. 확장 노출이 될 수 있는 내용으로 댓글을 작성해야 판매량을 늘릴 수 있습니다. 의외로 많은 판매자들이 리뷰에 대한 댓글의 중요성을 인지 못하는 경우가 많습니다. 효과 좋은 틈새전략 중 하나이니 활용해 보기를 강력히 추천합니다. 다시 한번 말하자면 상품명과 상세설명 그리고 Q&A와 리뷰 간 연관성이 중요합니다.

PART 5

네이버 검색결과
상위노출과 상품명

이번에는 네이버 상위노출과 상품명의 관계성에 대해
알아보고, 상품명에 삽입하면 좋은 키워드에 대해 배워
보는 시간을 가집니다.

상품명의 중요성

상품명의 중요성을 생각하지 않는 판매자가 의외로 많습니다. 여러 이유가 있겠지만 가장 큰 영향은 검색 상위에 노출되는 상품들의 상품명입니다. 다음 이미지의 상품명이 그러한 예 중 하나입니다. 해당 상품의 상품명을 다시 살펴보도록 하겠습니다.

위파티환 1+1 이벤트, 양배추, 굼벵이, 비타민이 들어있는 숙취해소제 1box(3gx5포)

- 위파티 → 상표 브랜드
- 1+1 → 이벤트 알림
- 양배추, 굼벵이, 비타민 → 환에 들어간 재료
- 숙취해소제 → 상품 기능

상품명을 분석해 보면 위와 같은데, 객관적으로 봤을 때 숙취해소제를 검색하는 소비자가 위 상품명 중 실제 검색에 반영하는 키워드가 무엇일까요. '1+1' 키워드로 네이버에서 얼마나 검색하는지 우선 확인해 보도록 하겠습니다.

전체추가	연관키워드 ⑦	월간검색수 ⑦		월평균클릭수 ⑦		월평균클릭율 ⑦		경쟁정도 ⑦	월평균노출 광고수 ⑦
		PC	모바일	PC	모바일	PC	모바일		
추가	1+1	1,530	**2,160**	6.9	26.3	0.49%	1.3%	높음	

모바일 기준 월간 검색수는 2,160회입니다. 하루 평균 72회 조회량이 나오는데, 과연 '1+1'이 숙취해소제의 완벽한 대체어라고 볼 수 있을지 의문입니다. 왜냐하면 1+1 할인대상이 식품이 될 수도 있고, 의류제품이나 액세서리가 될 수도 있기 때문입니다.

연관키워드 조회 결과 (79개) 다운로드 | 필터 ∨

전체추가	연관키워드 ⑦	월간검색수 ⑦		월평균클릭수 ⑦		월평균클릭율 ⑦		경쟁정도 ⑦	월평균노출 광고수 ⑦
		PC	모바일	PC	모바일	PC	모바일		
추가	1+1	1,530	2,160	6.9	26.3	0.49%	1.3%	높음	15
추가	비비고만두	8,770	78,300	40	1,003.1	0.49%	1.39%	높음	15
추가	로퍼남자	810	6,740	5.6	110.4	0.77%	1.79%	높음	15
추가	1+1옷	10	130	1	6.5	9.1%	5.65%	중간	8
추가	비비고왕교자	4,090	33,100	14.5	336.5	0.39%	1.09%	높음	15
추가	10대쇼핑몰	750	1,350	37.3	122.5	5.55%	9.81%	높음	15
추가	코트1+1	50	360	0.4	2.6	0.78%	0.73%	중간	5
추가	1+1맨투맨	60	340	0.6	20.4	1.06%	6.39%	중간	8
추가	1+1니트	< 10	120	0.3	1	3.34%	0.79%	높음	3
추가	1+1쇼핑몰	10	30	1.5	5	7.9%	16.13%	중간	10
추가	남자쇼핑몰	9,050	36,300	394.8	3,626	4.75%	10.94%	높음	15
추가	10대옷	250	1,210	11.9	103.2	5.14%	9.4%	높음	15
추가	트레이닝	3,420	9,290	4.9	54	0.16%	0.64%	높음	15
추가	셔츠1+1	10	20	0.7	1.3	9.53%	6.35%	높음	3

네이버에서 불규칙하게 제공하고 있지만 '1+1'에 관련된 키워드들이 해당 키워드 아래 나열되어 있습니다. '1+1' 바로 아래에 '비비고 만두' 키워드가, 그리고 그 밑으로 '1+1옷', '코트1+1' 키워드가 이어지고 있습니다. 숙취상품을 취급하는 판매자가 기대했을 '1+1'의 검색양상과 소비패턴이 다르게 나옵니다. 그래도 '1+1'의 경우 상품검색 결과에서 소비자에게 주는 어필이 강하니 판매자의 전략으로 볼 수 있습니다.

다음으로 위치한 키워드 '양배추'의 경우는 양배추즙이 위장에 좋다고 알려져 있어 상품명과 자연스럽게 배치된 것으로 보입니다. 그래서 '위에 좋은 음식'이 연관 키워드로 연달아 노출되어 있습니다.

▶ PC에서 '양배추' 검색결과

양배추의 검색결과로 당연히 상품 양배추가 나옵니다. 그러나 이 검색결과와 숙취해소를 연관짓기에는 다소 무리가 있어보입니다.

N 양배추

통합 이미지 어학사전 쇼핑 VIEW 지식백과 뉴스 지식iN 실시간검색   검색옵션

파워링크 '양배추' 관련 광고입니다. ⓘ   등록 안내

지리산 양배추환 지리산홍화인
www.honghwain.co.kr
지리산자락 함양에서 재배한 양배추환, 양배추가루 등 제조판매. 비타민C함유.

양배추즙 품질비교 불만제로S
blog.naver.com/zero-s
mbc불만제로 양배추즙 제품비교 및 성분, 점가율 분석. 양배추

양배추즙의 원조 웹빙하우스 당일가공, 당일 무료배송
www.wbhouse.co.kr N Pay 3%
양배추즙 국내최초 판매. 2007년부터 오직 양배추즙만 판매, 당일가공 당일배송.
1개월분 (60팩)   39,000원
2개월분 (120팩)   74,000원
3개월분 (180팩)   110,000원

청룡농원 빨간양배추브로콜리즙
www.cljeju.com N Pay 3%
제주에서 직접 농사짓는 농산물로 직접 가공합니다.6시내고향 출연농원! 30%할인!

참마&적양배추주스 책임보상제 속 쓰린 직장인 잇템 등장!
prismjuice.kr N Pay 3%
100%홈메이드 방식으로 만들어 자신있습니다! 견디기 쉽히지 않으면 100%환불!

고농축 햇양배추즙 두손애약초 한국 소비자만족 1위 수상
handsherb.co.kr N Pay 3%
성분확인필수! 명품양배추즙, 불만족시환불. 고형분2.5%, 순수100%햇양배추즙!

신선한 양배추환 바른약초 앱설치구매 5%즉시할인!
www.bryc.co.kr N Pay 3%
간편한 양배추+프로힐리환. 아직도 갈아드세요? 리얼후기450건, 앱설치5%바른할인

G마켓 양배추 www.gmarket.co.kr
G마켓 설빅세일, 양배추 누구나 15%+스마일클럽 20% 매일 할인쿠폰 증정!

옥션 양배추 www.auction.co.kr
옥션 설맞이 쇼핑축제! 누구나 매일 최대 15%+스마일클럽은 20% 할인쿠폰증정!

다만 PC 기준 검색화면의 파워링크 광고에는 양배추환과 양배추즙이 광고되는 것을 볼 수 있습니다. 어느 정도 관련이 있다고 볼 수는 있겠지만, 우리가 생각해야 하는 부분은 '네이버쇼핑'의 검색 로직입니다. 사람은 추론이 가능하지만 A.I는 알고리즘에 의해 작동합니다. 그러니 '양배추'로 검색하게 되면 상품 양배추 위주로 나올 수밖에 없습니다.

TIP **그럼 숙취해소제 판매자는 '양배추' 키워드를 포기해야 할까?**

양배추도 숙취해소에 도움이 되고, 위장에 좋은 영향을 주기에 위 사례에서 상품명에 삽입했겠지만 '양배추'의 검색 결과에서는 조건 없이 우선순위에서 밀리게 됩니다. 이런 키워드는 자칫 무의미해 보일 수 있지만 '연관키워드'로 보면 어느 정도 랭킹순위에 기여하고 있습니다. 양배추와 숙취해소제와의 연관성이 '명품백 = 샤넬, 루이비통, 버버리, 구찌 등'과 같은 직접적인 연결관계는 아니어도 '라면 + 계란', '호텔 + 조식', '커피 기프티콘 + 스타벅스'와 같은 연관성을 갖고 있기에 사용패턴과 구매패턴을 맞추어 적정한 변수 값으로 활용하는 방법이 됩니다. 수백개의 상품판매 데이터에서 이런 변수는 중요성이 높지 않지만, 수천만의 상품판매 데이터에서는 유의미한 데이터가 될 수 있고, 또 관련도 검색의 정확성을 더 높여주는 행렬 값이 되기 때문에 네이버도 이를 반영하고 있습니다.

실제 사례를 보면 연관키워드 관계성이 나름 검증된다고 확신하는 부분이 있는데, 자신이 판매하는 상품이 어떤 식으로 확장되는지 관심이 있으신 분들은 판매량 속도가 빠른 편임을 여러 번 목격하였습니다. 여성 빅사이즈 의류 자사몰을 운영하던 분이 2020년부터 현수막, 배너, 스티커 등을 인쇄하여 판매하는 보조 사업을 시작하였습니다. 빅사이즈 쇼핑몰을 운영할 때에도 유행어나 당시 흥행했던 드라마 등을 빅사이즈 의류와 연관지어 어떻게 확장시킬지 항상 고민하던 분이었습니다. 보조 사업을 시작했던 2020년은 다들 아시다시피 코로나 확산이 심각했던 때입니다. 그래서 주력 소비자로 기대했던 음식점, 결혼식, 회갑, 칠순, 돌잔치 등의 광고상품 매출이 급감하였습니다. 그런데 이 역시 검색어 확장으로 이겨냈습니다.

구체적인 설명은 해당 업체에 피해를 줄 수 있어 지면을 통해 소상히 밝히지는 못하지만 한 가지 확실한 것은 방역에 관련된 검색키워드의 맥을 잡아 상품명에 반영했다는 것입니다. 그러자 놀랄만한 매출 성과가 나타나게 된 것이고요. 조금 힌트를 드리자면 '이 매장은 방역이 완료되었습니다'라는 안내문의 유입키워드로 '방역포스터'를 사용한 것입니다. 아래 검색결과 이미지의 상품명을 보면 '출입제한 안내 포스터' 등의 키워드가 보입니다. 나머지는 독자님들께서 추론하실 것이라 믿겠습니다. '라면 + 계란'에서 더 확장되어 '라면 + 계란프라이', 또는 '라면 + 콩나물' 방식의 조합을 찾아낸 것입니다. 이런 조합 역시 전혀 새로운 영역이 아니라, 원래 있던 것들의 새로운 조합일 뿐이었습니다.

A.I가 만들어 내는 거대한 데이터베이스의 톱니바퀴 중 하나에 자신의 상품을 로딩 시킨 것인데, 이러한 현상은 현재 검색을 통해서도 추정할 수 있는 데이터가 다수 발견됩니다.

네이버쇼핑 검색 미노출 상품명

네이버가 공표한 '네이버 검색가이드' 라인에 저촉되는 경우, 네이버쇼핑에서는 상품이 검색되어도 네이버포털에서는 네이버쇼핑 영역 자체가 노출되지 않는 경우가 있습니다 (앞에서도 설명하였지만 네이버쇼핑은 네이버포털과 다름을 기억하기 바랍니다). 그만큼 소비자의 유입율이 떨어지는 것은 당연합니다. 이런 키워드의 경우에는 상품명에 삽입하지 않는 것이 좋습니다.

위의 화면은 '쌍꺼풀수술'의 네이버쇼핑 검색 결과입니다. 첫상단에 '쌍커풀안경'이라는 상품이 랭크되어 있는데 해당 상품을 네이버 포털에서 검색하면 '의료법'에 의해 광고허가를 받은 병의원이 검색됩니다.

네이버 포털에서의 검색 결과는 다음 이미지와 같습니다. PC 결과화면과 모바일 결과화면에서 배열의 순서만 다소 차이가 날 뿐 네이버쇼핑 영역이 노출되지 않음을 볼 수 있습니다.

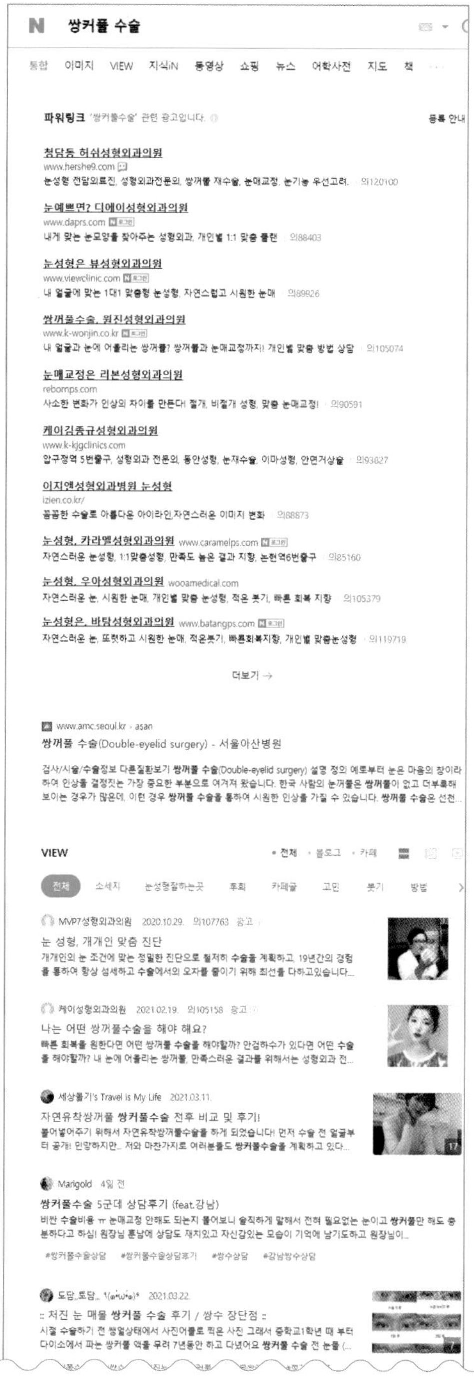

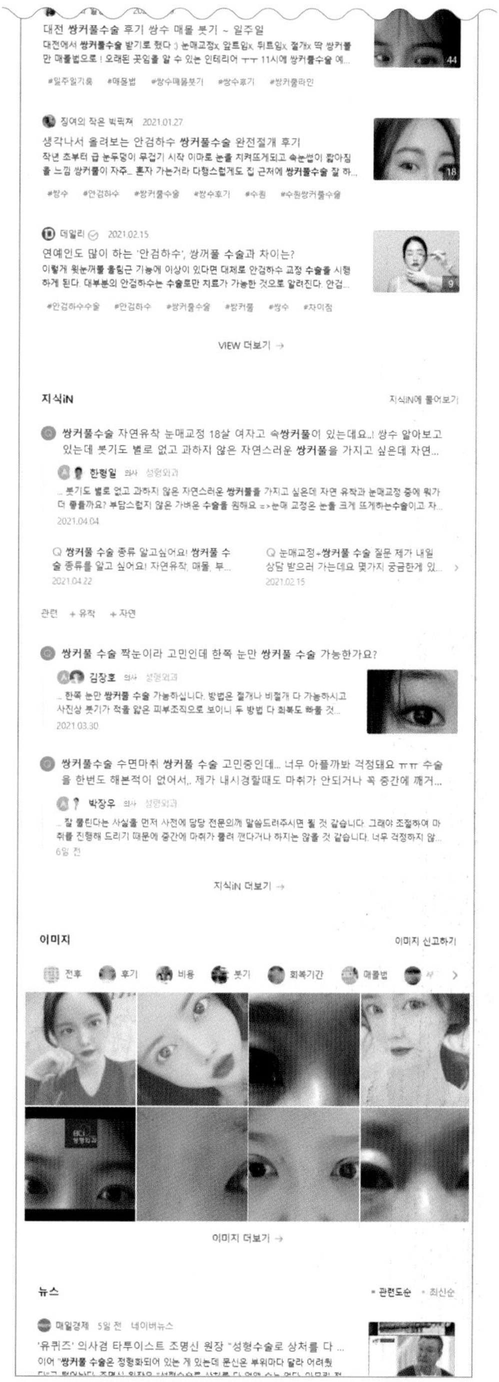

▶ 네이버 포털에서의 검색 결과 화면: 네이버쇼핑 영역이 노출되지 않는다.

네이버에 따르면 의료법에 직접적으로 관련되는 단어들(지방흡입, 치아교정, 디스크, 성형외과시술, 수술 등)은 상품검색에서 제외됩니다. 그리고 그 외 성인용품, 사행성상품, 보험, 대출 등도 키워드 검색 후 네이버쇼핑 영역이 첫번째 검색결과에 노출되지 않습니다 (네이버쇼핑 내에서는 상품 검색이 되지만 일반 검색결과에서는 검색되지 않는 경우).

반면, 위 내용에 직접적으로 해당되지 않아도 검색에서 제외되는 경우가 있습니다. 그래서 판매자들이 혼란스러워 하는 경우가 많은데, 다음 이어지는 화면 '첫조카 아동화' 검색 키워드의 검색결과를 보면서 설명하도록 하겠습니다.

▶ '첫조카 아동화' 네이버 포털에서의 검색 결과 화면

▶ 네이버쇼핑에서의 '첫조카 아동화' 검색 결과 화면

위와 같은 경우 '첫조카 아동화'는 네이버쇼핑에서도 검색이 되지 않으므로 아예 등록된 상품이 없다 보는 것이 맞습니다. 상식적으로 이 키워드를 상품명에 삽입하면 단독 노출 되는 것을 노릴 수 있습니다. 당연히 네이버 포털 검색에도 반영되어야 합니다. 어떤 소비자가 검색결과에 '첫조카 아동화'로 검색하면 이 단어가 쓰인 상품 하나가 네이버쇼핑을 대표해서 단독 노출되는 것이죠. 이전에는 이런 키워드가 검색결과에 반영이 잘 되는 편이었지만, 요즘에는 상황에 따라 노출여부가 결정됩니다.

만약 이런 키워드를 발견하였다면 일단 상품명에 삽입을 하고 반영결과의 추이를 관찰해 보는 것을 추천합니다. 시간이 지나 반영이 되면 내 상품이 단독 노출 되는 것이지만 그렇지 않다면 네이버 A.I 알고리즘에 의해 제외된 것이라 봐야 합니다. 그렇기 때문에 검색결과에 반영되지 않는 기간이 길어지면 과감히 해당 검색결과의 매출은 기대하지 않는 것이 좋습니다.

TIP 특정 키워드를 상품명에 반영하는 단계

네이버 가이드라인도 공개된지 오래된 자료이고 이에 대한 후속 정보도 명확하게 세분화 되지 않았습니다. 따라서 앞에서 설명한 것처럼 키워드를 확인해보기 바랍니다.

1단계: 특정 검색어가 네이버 포털사이트에서 네이버쇼핑 영역에 노출되는지 확인하기

2단계: 네이버쇼핑 영역에 노출되지 않으면 네이버쇼핑으로 진입하여 동일 키워드 검색해 보기

3단계: 네이버쇼핑에서도 나타나지 않으면 등록 상품이 없는 것이므로 상품명에 사용하기(다만 상품과 무관한 낚시성 키워드는 오히려 좋지 않습니다)

4단계: 상품명에 사용한 키워드로 검색하여 네이버 포털에 네이버쇼핑이 노출되는지 지켜보기

5단계: 만약 노출이 되지 않는다면 상품명에서 제외시키기(다만 알고리즘이 수정되면 노출여부가 달라질 수 있습니다)

6단계: 만약 노출이 된다면 일정 기간 동안 노출여부를 직접 검색해서 반복 확인하기(네이버알고리즘이 변동이 있으면 잘 되던 상품노출이 중지되는 경우도 있습니다)

검색 키워드에 해당되는 문자열이 없는 경우 상품이 검색되지 않는 것은 지극히 일반적입니다. 다만, 네이버 A.I의 딥러닝 기능이 향상되어 유사한 값을 노출 시켜주는 사례가 증가하고 있기는 합니다.

실제 속옷회사에서의 교육내용을 일부 공유합니다. 당시의 강의 주제는 상품명에 어떤 키워드를 삽입하면 좋은지에 대한 내용이었는데, 검색량 대비 상품 등록수가 적은 키워드를 추출하는 실습이 주를 이루었습니다. 그 중 하나가 장년층 여성의 신체에 따른 검색키워드로 '옆구리가 편한 브라'였습니다.

수업이 시작된 초반에 이 키워드로 검색된 상품 등록수가 단 3건이었습니다. 이 부분을 교육에 참여하는 직원들에게 공유하였고 전지역 지점에서 입점몰별로 상품이 등록되기 시작하였습니다. 그 다음 해가 되어 결과를 공유하며 매출이 신장된 지점의 사례를 들며 설명을 하였고, 당연히 동일한 내용의 키워드가 포함된 상품들이 자연스레 증가하였습니다(사실 이렇게 되면 등록하는 만큼 상품 수가 늘고, 매칭서비스 될 확률이 높아지는 단점이 있습니다). 그런데 전체 지점에서 2019년도를 전후하여 예측하지 못한 검색결과가 나타났습니다.

A.I가 관여하였다는 안내문구와 함께 갑자기 수만가지의 네이버쇼핑 상품들이 노출된 것입니다. 때문에 이와 유사한 키워드의 검색결과를 추적하였는데, 상당수의 검색결과가 비슷한 양태의 검색결과를 반영하고 있었습니다. 틈새키워드에 대한 전환점이 필요한 시점이었기에, 당시에는 적지 않게 당황했던 기억이 있습니다. 현재는 '연관키워드로 검색한 결과를 포함합니다'라는 문구가 검색결과 화면에 안내되고 있는데, 여기서 조언을 하고자 하는 것은 간접적인 연관이 있고 또 그러한 데이터가 유튜브, 인스타, 블로그 등에서 다루어지고 있다면 망설이지 말고 상품명에 해당 간접키워드를 포함시키라는 것입니다. 상품 노출에 분명한 영향을 미칩니다. 다만 몇 가지 유의할 사항이 있습니다.

① 형용사, 부사 등이 사용되는 서술문구 사용은 유의하자

네이버의 가이드 라인에 따르면 상품명에 서술문구 사용을 사용하지 말라는 지침이 있습니다. 지침에 위배가 될 경우 노출순위 등에 불이익이 있다는 것입니다. 금지시 되는 문구로 대개 형용사나 부사를 들고 있습니다. '쫀쫀한, 가볍게, 달달한, 건조가 잘 된, 분리된, 새롭게 출시된, 5cm길이 추가됩니다' 등이 그 예입니다.

그럼에도 불구하고 위 예시 화면과 같이 검색어와 연관된 상품이 검색되는 경우도 있습니다. 이 같은 경우 검색결과를 보면 서술문구가 상품명에 추가되는 경우가 많습니다.

네이버 광고센터의 '쫀쫀한 오징어' 키워드 조회수를 보면 한 달에 10건이 채 되지 않습니다. 그러나 조회수가 낮아도 등록된 상품이 3개에 불과하므로 상품명으로 등록하기를 권합니다. 따로 비용이 들어가는 것도 아니며, 누군가가 클릭을 할 경우 가이드 위반으로 감점을 받을 수 있겠지만, 아예 클릭이 없는 것보다 점수를 더 받을 수 있기 때문에 물꼬를 트는 업체에게는 좋은 키워드가 될 수 있습니다. 스마트스토어 운영자의 경우 상품등록시 제공되는 '#태그' 영역에 서술문구를 사용하길 권합니다. 별도의 '#태그' 영역이 없다면 상품명에 기입하기를 추천합니다.

만약 상품 등록수가 수십개 이하인데 조회수가 수천회를 넘거나 이를 훨씬 상회한다면 이 역시 반드시 등록을 권합니다. 상품수가 몇 개 되지 않는데, 조회수가 많은 경우 클릭률이 가파르게 올라가, 연관검색 작용으로 다른 키워드 검색결과의 노출순위에도 도움이 되기 때문입니다. 이러한 부분적인 틈새키워드를 A.I가 파악하게 되면 수천개에서 수만개의 상품이 유입되면서 클릭률이 떨어질 수 있지만 그 간의 누적 클릭수가 있어서 해당 검색결과의 상위에 노출될 확률이 높습니다.

❷ 주제와 관련 없는 문구는 상품명으로 사용하지 말자

상품과 전혀 무관한 키워드는 상품명으로 조합하지 않는 것이 좋습니다. A.I 검색에도 오류가 발생할 뿐만 아니라 관련성이 떨어지기 때문에 궁극적으로 득보다 실이 더 큽니다.

    ex) 둘이 먹다 하나 죽어도 몰라요. 감자탕 500g 2인분

❸ 특수문자 사용은 지양하자

!, ^^, &, %, (), [ ], $, ★, ♥ 등을 상품명에 삽입하는 경우인데, 기호 '[ ] ( )' 등은 쓱닷컴,
H몰 같은 곳에서 상품등록시 자동생성 됩니다. 그리고 '%' 등의 성분표시 기호는 관용적
사용으로 인정되기도 합니다. 다만 이외 눈길을 끌기 위해 삽입하는 특수문자 같은 경우
는 되도록 지양하는 것이 좋습니다.

사실 더 많은 가이드라인이 있지만, 스마트스토어 판매자만 해당(현재는 독립몰이나 임대
몰을 가지고 있는 쇼핑몰도 네이버의 검색노출결과 때문에 스마트스토어를 하나의 마케
팅채널 일환으로 운영하고 있는 경우가 많습니다)되는 지엽적인 부분도 있고, 현재 가이
드라인이 다방면으로 공유되고 있으므로 중요한 부분 몇 개로 정리를 해보겠습니다.

다시 앞서 보았던 상품명을 살펴보겠습니다.

> 위파티환 1+1 이벤트, 양배추, 굼벵이, 비타민이 들어있는 숙취해소제 1box(3gx5포)

상품명에 삽입된 '굼벵이'를 네이버 광고센터의 수치로 확인해 보도록 하겠습니다.

검색결과를 보면 하단에 나열된 연관검색에서 숙취해소에 굼벵이가 좋다는 것을 추론할
수 있습니다. 사실 혐오식품으로 보일 수 있지만 숙취해소에 굼벵이가 높은 연관성이 있
다고 합니다. 그리고 실제 숙취해소환에 굼벵이가 성분으로 들어가 있기 때문에 상품주제
와 무관한 키워드도 아닙니다. 해당 키워드의 조회수도 상당하기 때문에 굼벵이 키워드는
상품명에 삽입시키는 것이 맞습니다.

다음 상품명의 '비타민이 들어있는' 문구는 서술형입니다. 비타민 영양소는 다양한 식품

과 미용 용품, 그리고 약품 성분으로 자주 사용이 되기 때문에 숙취해소와 아예 무관하지는 않습니다. 그러나 직접적인 연관검색어로 보기에는 앞서 보았던 '양배추'와 비슷한 케이스로 빠질 경우가 높습니다. 끝으로 '1box(3g×5포)'는 가장 활용성이 떨어지는 키워드로, 상품명에 쓸 내용이 없고 공간이 남을 때 사용하는 키워드로 보면 됩니다. 그리고 네이버쇼핑에서의 바람직한 상품명의 길이는 한글 기준 20~30자임을 꼭 기억하기 바랍니다.

TIP 브랜드 카탈로그

검색결과에서 '브랜드 카탈로그' 상품정보로 넘어가는 경우가 있는데, 이 영역에서는 상품의 정보를 우선 노출시킨 뒤 가격비교 리스트를 정렬하여 하단에 보여줍니다. 대개 브랜드를 보유하고 있는 판매자 또는 제조업자들이 선호합니다. 핸드폰 거치대를 검색하면 판매처(판매자)들이 매칭(묶여서) 검색되는 경우가 많습니다.

소상공인과 초보창업자가 꼭 알아야 하는 전자상거래 광고 기초

인터넷환경을 기본으로 여러 광고상품이 있는데 그 중 소상공인 또는 초보 창업자가 알아야할 몇 가지 광고와 용어를 소개하도록 하겠습니다.

● CPC 광고(Cost Per Click)

가장 폭넓게 활용하는 광고입니다. 클릭할 때마다 광고비가 나가는데, 경매방식이라 인기 키워드는 입찰 방식으로 광고하는 사람이(이하 광고주) 선별됩니다. 초기 저자본으로 시작할 수 있는 웬만한 광고들은 여기에 속합니다.

● 숏테일 키워드

'바지, 장난감, 김치' 등의 주제어를 말하며, '대표키워드' 또는 '상위키워드'라고도 합니다. 월간 단위로 누적 조회수를 표시해 주는데 당연히 조회량이 높고 경쟁자도 많은 키워드 중 하나입니다.

● 롱테일 키워드

'부산 전망 좋은 호텔'과 같이 여러 단어가 조합되어 검색되는 키워드를 말합니다. 검색키워드가 세분화되어 고객이 구체적으로 분류가 되기 때문에 구매전환이 높은 편이지만 조회량이 절대적으로 낮아 전략적으로 선택하여 진행하는 것이 좋습니다.

● 틈새 키워드

'첫걸음 아동화', '키 높은 협탁' 등 월간 조회수 기준 1,000~4,000회 정도이며, 네이버쇼핑에 등록되어 있는 상품수가 10~100여개 정도 되는 키워드를 의미합니다. 경쟁자는 잘 모르지만 소비자는 이용하는 키워드라 할 수 있습니다.

● 조회수

검색을 하는 횟수를 의미합니다. 다만 유튜브는 이를 클릭수로 표현하고 있습니다.

● 클릭수

광고상품을 클릭한 횟수를 의미합니다. 그래서 조회수 대비 클릭률이 매우 낮습니다.

● 구매전환율(ROAS)

'Return On Advertisements Spending'의 준말로 엄밀히 말하면 광고 지출 금액에서

회수된 매출액을 의미합니다. 광고로 인해 나타난 매출액을 광고비로 나누는데, ROAS가 300%라는 의미는 광고비 1만원을 지출했을 때 매출이 3만원 발생했다는 것입니다. 그러나 구매전환율은 많은 착시효과를 주는 수치라 할 수 있습니다. 그렇기 때문에 반드시 기본적인 원가계산으로 내가 거둔 구매전환율이 타당한지 계산해 보아야 합니다. 구매전환율이 400~500%가 나와도 원가계산이 명확하지 않은 경우 적자를 볼 수 있기 때문입니다.

예를 들어 판매가격이 5만원인 홍삼액이 있다고 가정해 봅니다. 원가는 3만원(부가가치세, 수수료, 고정비 등을 단순계산)이라 계산했을 때 판매마진은 개당 2만원이 됩니다. 만약 1백만원의 광고비를 투입한 경우 홍삼액 50개를 판매해야 광고비를 회수할 수 있습니다. 즉 광고금액 손익분기점이 상품 50개를 판매한 그 시점이 됩니다. 50개 판매가 되었을 때 매출이 250만원이고, 이때 광고비가 1백만원이므로, 250%의 구매전환율이 계산됩니다. 그렇기에 마진율이 낮을수록 구매전환율은 높아져야 합니다.

● 광고에서의 머신러닝과 딥러닝

페이스북, 인스타그램, 구글 등은 머신러닝의 방식으로 광고를 진행합니다. 머신러닝은 말 그대로 광고로봇이 자체 학습을 하는 것이라 생각하면 됩니다. 광고주가 광고를 처음 진행할 때 각 광고주마다 광고 A.I(이하 봇)가 부여됩니다. 광고예산과 특정 범위를 주면 그 안에서 봇이 자동으로 광고를 진행하며 해당 광고의 최적점을 학습하는 방식입니다. 대개 1~2개월 정도의 시간이 필요한데 여기에서는 주의해야 할 사항이 있습니다.

❶ 광고 도중에 예산을 바꾸거나 광고 범위를 새로 설정하는 것은 좋지 않다.

조건이 바뀌었기 때문에 당연히 다시 머신러닝을 시키는 상황이 됩니다. 그래서 최적화를 다시 진행하기 때문에 효과가 떨어질 수밖에 없습니다. A.I가 지속적으로 알리는 광고예산 부족은 크게 신경쓸 일이 아닙니다. 대기업에게도 광고예산 부족 알림을 주는 것이 A.I기 때문입니다.

❷ 변경 사항은 새로운 광고분류로 설정하는 것이 좋다.

늘리고자 하는 만큼, 새로이 노출을 시도해 볼 고객층이 나타났다면 해당 금액과 범위로 새로운 머신러닝을 시키는 것을 추천합니다. 머신러닝이 계속되며 효과적인 광고결과가 나타나면 봇은 그 내용을 바탕으로 최적점을 얻게 되는데 이런 봇의 자체학습은 딥러닝으로 이해하면 좋습니다.

머신러닝 방식의 외국기업 광고는 광고주에게 가장 최적화되어 있는 광고데이터를 얻게 하고 이를 기준으로 효과적인 여러 결과를 노릴 수 있으나 문제는 예산입니다. 유의미한 수치를 얻을 때까지 투하되는 광고비인 경우, 매월 수 십만원으로는 큰 효과를 보기 어렵습니다. 특히 딥러닝 단계는 꾸준한 광고진행이 이루어질 때 나타나는 데이터이기 때문에, 1~2개월만으로는 유의미한 광고 결과를 얻기 어렵습니다. 때문에 초기 창업자 또는 예산이 적은 광고주에게는 추천하지 않습니다.

TIP 구글애드

구글에서 진행하는 여러 광고 중에 스마트 디스플레이 광고가 있습니다. 기존 '디스플레이광고'에서 봇이 적극 관여한다고 하여 스마트 디스플레이 광고라 하는데 유튜브부터 신문기사, 안드로이드 계열의 애플리케이션 등 매우 다양한 공간에 노출됩니다. 인터넷 기사에 함께 노출되는 여러 광고들을 떠올리면 되는데, 노출되는 광고영역이 워낙 방대하여 이 역시 광고 예산이 커질 수밖에 없지만, 일반 키워드 광고보다는 효과가 좋습니다.

구글광고는 내 광고가 어디에 노출되는지 직접 확인하기 어렵고 광고영역도 지정할 수 없기 때문에 여러 광고주들이 광고 활동에 의구심을 갖는 경우가 종종 있습니다. 페이스북의 경우 광고데이터의 신뢰성이 조작되었다는 이슈가 최근 있었지만 광고 그 자체만으로도 높은 진입장벽이 존재하기 때문에 선호하는 광고주가 은근히 많습니다.

● **국내 포털광고**

국내 포털광고는 네이버, 다음, 줌 등으로 분류되는데 네이버 광고가 가장 큰 비중을 차지할 수밖에 없는 환경입니다. 그러나 네이버 특유의 데이터 폐쇄성으로 스마트스토어 운영자에게는 광고효과를 분석할 수 없다는 단점이 있습니다. 키워드광고는 광고주가 일일이 키워드를 하나하나 검색을 하여 모두 수동적으로 광고를 등록해야 합니다. 1,000가지 키워드가 있다면 1,000가지 키워드에 대한 광고 세팅을 일일이 해야 하는데, 소비자가 자주 실수하는 맞춤법 등의 키워드마저 하나하나 의도적으로 구매하여 세팅을 해야 합니다.

머신러닝만큼의 단계는 아니지만 봇이 관장하는 광고영역이 있습니다. 네이버쇼핑 검색광고로, 광고 미노출 영역을 세팅하면 해당 부분을 제외하고 알아서 광고가 뿌려지는 방식입니다. 구매전환은 큰 편이지만 광고비가 확실히 부담이 됩니다. 그리고 아직까진 딥러닝 방식으로의 최적화를 추출하는 단계는 아닌 것으로 보이나 초기 창업자들에게 추천하는 광고

상품중 하나입니다.

검색키워드 광고는 전략적인 단계가 없으면 효과가 떨어지기에 저비용 고효율 광고는 상당한 분량의 키워드 세팅이 필요합니다. 30,000~50,000개 정도의 키워드 세팅을 해야 어느 정도의 유의미한 구매전환값을 얻을 수 있는데, 이 광고방식은 매우 세분화되고 여러 시행 착오가 진행되어야 하므로 초기 창업자들에게는 좀 버거울 수 있습니다.

● CPM광고 (Cost Per Month)

말 그대로 월정액 광고인데 현재는 일정기간 동안 진행하는 광고 의미로 폭넓게 쓰이고 있습니다. 클릭수와 관계없이 일정기간 동안 광고노출을 하여 전환값을 노리는 방식으로, 브랜드 광고나 대기업의 전략마케팅에는 매력적인 요소지만 역시나 광고 예산이나 구매전환율에서 제약을 받습니다.

● 스마트스토어

'블로그의 글 등록 + N페이 + 자사몰 일부 기능 + 네이버 이벤트 참여 + 오프라인 매장(윈도우)'이 융합된 판매채널입니다. 오픈마켓의 간편성에 블로그 편의성을 섞은 방식으로 보아도 무방합니다. 이런 이유로 네이버가 스마트스토어 런칭 시 오픈마켓 플랫폼의 반대가 특히 거셌습니다. 업계에서도 포털 패권의 승리를 점치는 이들이 많았는데 결국 오픈마켓 신규 판매자가 대거 네이버로 옮겨가는 일이 벌어집니다. 네이버에서 스마트스토어의 비중은 갈수록 커졌고 특히 N페이는 스마트스토어의 확장과 함께 상당한 위력을 발휘하게 됩니다.

최근 네이버는 스마트스토어와 비슷하면서도 다른 새로운 마켓플레이스 구축에 집중하는 모양새로, 블로그마켓이 그것입니다. 이는 블로그에 N페이를 같이 서비스하고 블로그 유저들 사이에 새로운 시장을 형성하려 시도하고 있습니다. 글쓴이 입장에서 이러한 네이버의 새로운 시도는 '간헐적 판매 + 블로그의 부활'을 노리는 것이 아닐까 생각합니다. 유튜브가 콘텐츠 시장의 레드오션이 되었음은 누구나 아는 사실인데 그만큼 블로그의 상대가치가 하락새에서 새로운 상승세가 이어지는 상황입니다. 최근 몇 년 사이 네이버 블로그의 활용율이 다시 오르기 시작하여 부활의 신호탄으로 해석하는 견해도 있습니다. 특히, 여성의류 앱에서 이슈가 되었던 간헐적 판매자들의 호응도 한 몫 했습니다. 사업자등록 없이도 판매자가 모델이 되어 소개를 하고 판매가 이루어지면 순이익의 10%를 공유하는 서비스가 시작되었는데(달리 말하면 90%가 수수료인 셈: 기존 판매자들 사이에서는 납득하기 어려운 수수료) 나름 시장성이 있는 것으로 판단한 분위기입니다.

● 오픈마켓과 소셜커머스의 일대기

'만인에 의한 판매'를 추구하며 누구나 손쉽게 판매할 수 있다는 열린 마켓플레이스를 선도한 것이 옥션, G마켓입니다. 옥션은 마켓명 그대로 경매방식으로 상품을 판매하기 시작했습니다. 시가금액을 무시하고 100원부터 경매를 시작했으니 서비스 초기 많은 이들의 관심을 얻기 충분했습니다. 옥션에 대한 일화가 있는데, 이금룡 코글로 대표는 오늘의 오픈마켓 생태계를 창조하였다 해도 부족함이 없는 인물입니다. 옥션이 Ebay에 인수되는데 결정적 역할을 하였고 이니시스의 자본과 이금룡 대표의 경력이 합쳐져 새로 태어난 마켓플레이스가 온켓(Onket)입니다. 온켓은 아쉽게도 시장에서 큰 반향을 일으키지 못했는데 한 때 다음으로 흡수되었다가 SK의 가족이 되어 이름을 바꾸었습니다. 바로 현재의 11번가가 이에 해당됩니다.

G마켓은 공동구매로 유명세를 떨쳤는데, 얼마나 많은 사람들이 같이 구매신청을 하느냐에 따라 판매가격이 급전직하 되는 방식으로 운영되었습니다. 소셜커머스의 초기 서비스 형태를 이미 상품판매에 적용하였던 것인데, 엄밀히 보면 G마켓은 재화(상품)의 집단구매 그리고 소셜커머스는 서비스의 집단구매로 시작하였습니다. 중요한 사항은 아니지만 G마켓에도 일화가 있습니다. 현재 4~50대는 아는 사항일지 모르겠지만 2~30대 중에는 왜 G마켓인지 한번쯤 궁금해 하는 사람들이 있을 것입니다. 큰 의미는 없고 구영배 G마켓 대표이사의 성씨 이니셜에서 G를 따온 것입니다.

초기 옥션과 G마켓은 LG전자와 삼성전자와 같은 라이벌 구도였습니다. 네이버의 서비스 초기에 상품 키워드를 검색하면 옥션과 G마켓에 등록된 상품들이 같이 검색되었는데, 이것이 오늘의 네이버쇼핑 시초라 볼 수 있습니다. 그러다가 옥션이 이베이에 흡수가 되고, 뒤이어 G마켓이 이를 따랐습니다. 견원지간이 한 식구가 된 셈입니다. 이베이는 독보적인 월드와이드 오픈마켓을 지향하였고 시장 반응 역시 좋았습니다. 그러다가 이들의 존립을 뒤흔드는 존재 '아마존'이 나타나게 됩니다. 아마존에 의해 이베이 미국 본사가 흔들리게 되고, 그 여파로 옥션과 G마켓이 통으로 M&A 시장에 매물로 나오게 되었습니다.

11번가는 옥션과 G마켓이 지배하는 오픈마켓에 DNA를 새로 주입 받고 진출하였습니다. 11번가 이전 CJ가 투자하였던 엠플이라는 오픈마켓이 얼마간 운영되다가 폐쇄되었고, 동대문닷컴(DDM)이란 마켓플레이스 역시 판매대금 정산도 제대로 못한 상태로 추락하였습니다. 이미 온켓과 다음온켓을 거친 상태였기에 여러 우여곡절을 겪으며 국내 오픈마켓의 삼분지계를 구축하게 됩니다. 사실 11번가는 옥션과 G마켓 견제 외에도 2010년 초반 열풍이 거셌던 소셜커머스의 대거 오픈마켓화 행보라는 모진 바람 역시 이겨내야 했습니다.

소셜커머스의 시작은 신선했습니다. 미국에서 이슈가 되었던 그루폰이 국내로 직접 진입하게 되었고, 비슷한 시기에 쿠팡과 위메프, 그리고 티몬이 서비스를 시작하였습니다. 그러면서 기존 오픈마켓에서는 다루지 않았던 공연, 식당, 숙박, 레저 등의 가격할인을 제공하였습니다. 특급 호텔부터 동네 음식점까지 할인을 받을 수 있다는 점에서 소비자의 반응이 뜨거웠고 이런 반응에 힘입어 군소 소셜커머스 업체도 난입하게 됩니다. 그러나 그 열기는 오래가지 못했습니다. 얼마가지 못해 경쟁이 치열해졌고, 적자를 감수하고도 영업을 지속하는 치킨게임이 시작되었습니다. 그리고 소비자의 관심과 기대는 생각보다 빠르게 식어갔습니다. 이들 중 소규모 업체들은 정리되고, 그루폰이 서비스를 중지하게 되면서 소셜커머스 시장은 쿠팡과 위메프, 티몬이 최종적인 빅3 마켓으로 성장합니다.

처음에는 티몬의 리드가 앞서는 듯 했지만 쿠팡의 대규모 투자유치와 아마존의 풀필먼트 서비스를 차용한 로켓배송이 대성공을 거두며 현재 시장의 서열이 완성되었습니다. 이런 헤게모니의 구축은 소셜커머스 오픈마켓화가 선행된 결과물입니다. 소셜커머스의 성장성이 한계에 봉착하자 이들은 오픈마켓 시장을 공략하게 됩니다. 당시 오픈마켓은 오픈마켓대로 치열한 경쟁을 하고 있던 차였습니다. 그런데 이 판에 소셜커머스가 슬그머니 숟가락을 올린 상황이었습니다. 그렇지 않아도 신규 셀러 증가가 여의치 않았던 오픈마켓 업계는 새로운 거대 경쟁자를 맞이하게 된 것인데, 엎친 데 덮친 격으로 비슷한 시기 네이버가 스마트스토어를 시작하게 되었습니다.

옥션과 G마켓은 이런 상황에서 눈에 띨만한 서비스를 제공하지 못했습니다. 사실 그럴만 한 것이 이베이 미국 본사가 아마존 때문에 정신을 차리지 못한 상태였기 때문입니다. 11번가는 여러 우여곡절 끝에 아마존과의 협업을 성사시킵니다. 사실 아마존의 국내 상륙설은 꾸준히 루머로 돌던 차였습니다. 매년 '내년에는 국내에 정식 진입을 할 것이다'라는 설이 돌긴 했지만 이것이 2020년 하반기에 공식화 되었습니다. 당시 많은 전문가들이 아마존의 단독 진출을 점쳤기에 11번가와 손을 잡고 국내 진입을 했다는 것은 당시 이커머스 업계의 놀랄만한 뉴스였습니다.

OTT, 문화콘텐츠 등 SK와 여러 주제의 협업이 예견되고 있는데 이커머스로 범위를 좁혀 보면 해외직구시장을 노린다는 것이 종론입니다. 그러나 글쓴이 입장에서 보기에는 직구시장만을 노리기에는 아마존과 11번가 모두 목마른 상황입니다. 공교롭게도 비슷한 시기에 페이스북이 국내에 페이스숍스라는 SNS 기반 쇼핑몰 서비스를 시작하였습니다. 아마존의 해외 직구는 이미 우리나라에서도 익숙한 서비스인데 직구시장의 편의성 및 확장 외에 어떤 새로운 서비스를 내놓을지 무척 궁금합니다. 현재의 오픈마켓은 소셜커머스의 어깨 겨루기와 스마트스토어의 안다리걸기로 거센 도전을 받고 있습니다.

2021년 6월에 옥션과 G마켓은 신세계의 품에 안기게 되었습니다. 오픈마켓은 유행이 지난 판매방식이고 새로운 판매자 유입이 예전 같지 않다는 부분에서 증권가의 비관적 전망이 있지만, 상품 카테고리의 다양성과 비교적 약점으로 지적되는 신선식품 외의 상품군에 대한 지배력을 키울 수 있다는 부분에서 다소 희망적입니다. 다만, 네이버와 힘을 합치는 부분에 있어서 서로 공통되는 포션을 가지게 되어 '스마트스토어 vs 오픈마켓'의 구도가 어떻게 이어질지는 두고 봐야 하겠습니다.

** 네이버와 CJ대한통운의 합종연횡도 이슈 중 하나입니다. 개인적인 입장으로는 네이버가 물류 시스템을 효율화 시킨다면 쿠팡의 로켓배송, 로켓프레시에 버금가는 유사 서비스를 제공할 것으로 보입니다. 수수료는 쿠팡에 비해 파격적인 조건으로 개시할 확률이 큽니다.

● 애플리케이션 마켓

지그재그, 오늘의 집, 다방 등 특정 카테고리에 집중하여 소비자를 공략하는 마켓입니다. 초기 서비스 부분에 강세를 보이다가 여성의류와 인테리어 소품 등이 두각을 보이기 시작하였습니다. 애플리케이션 마켓은 10~20대 소비자 비중이 높은 편인데 포털만큼의 범위화는 되어 있지 않고, 특정 카테고리에 소비자가 몰려 있습니다.

앱마켓의 장점은 특정 쇼핑 주제에 대한 소비자 편의의 상품 정렬에 있습니다. 포털앱은 방대한 정보를 제공하지만 그만큼 검색 피로가 높은 편입니다. 반면 앱마켓은 소재가 명확하기 때문에 A.I 표본이 작을 수밖에 없어 소비자의 딥러닝 분석 정확도가 높아지는 장점이 있습니다. 앱마켓의 성장으로 기존 시장이 충격을 받았음은 분명합니다. 특히 미래 소비 세대의 이탈은 오픈마켓 뿐만 아니라 포털에게도 신경이 쓰일 수밖에 없습니다. 앱마켓은 독립성이 다른 판매채널에 비해 명확한 편이라 특정 채널에 종속되지 않는 자체 생태계가 구축되고 있습니다. 그만큼 포털에서 이들의 존재감은 떨어집니다. 다만 해당 카테고리에서 1위 업체는 매출 확장을 위해 포털사이트에 진입하는 경우가 종종 있습니다.

● 네이버쇼핑 노출과 과금

네이버에서 면도기를 검색하였을 때 노출되는 네이버쇼핑 화면입니다. 최상단에 2개의 광고가 있는데, CPC 과금방식으로 단독 노출 되고 클릭하면 곧바로 상세설명으로 랜딩되기 때문에 구매전환율이 높습니다. 그런데 그만큼 광고비도 비례하여 증가합니다. 1위 ~ 2위 순위 싸움이 상당하여 클릭당 수천원을 가뿐하게 넘기기도 합니다.

아래로 이어지는 상품노출은 네이버 랭킹순으로 정렬된 것입니다. 리뷰나, 가격의 높은 순 혹은 낮은 순으로 소비자가 검색을 재분류 할 수 있습니다. 그런데 여기서 특이점이 있습니다.

자사몰 운영자의 경우 네이버쇼핑에 자신의 상품을 노출시키는 것만으로도 CPC 비용이 책정된다는 것입니다. 때문에 전략적인 공략이 필요합니다. 미끼 상품 또는 주력 상품을 네이버쇼핑에 노출시켜 고객을 자사몰로 유입시키는 전략이 효율적입니다. 자칫 모든 상품을 네이버쇼핑에 검색되게 하면 불필요한 CPC 비용을 발생시킬 수 있기 때문입니다. 별도의 CPC 비용에 수수료까지 더해지는 구조이니 신중한 판단이 필요합니다. 당연히 자사몰 운영자들 사이에서 볼멘 소리가 나왔는데 이에 대해 네이버가 내놓은 방식이 CPS입니다.

CPS는 'Cost Per Sale'의 준말인데 'CPM+CPC'가 혼합 된 방식입니다. 광고비가 감소하는 만큼 네이버 입장에서는 수익도 감소하기 때문에 여러 조건을 걸고 있는데 그중 하나가 3개월 평균 거래액이 20억원 이상이어야 한다는 것입니다. 그래서 소상공인 입장에서는 접근성이 매우 떨어진다 볼 수 있습니다.